TRAITÉ

SUR

LA SALAISON

DES VIANDES ET DU BEURRE

EN IRLANDE.

SE TROUVE À PARIS,

Chez
{
L'Auteur, rue des Petits-Augustins, n.º 26 ;
Mme HUZARD, imprimeur-libraire, rue de l'Éperon, n.º 7 ;
BACHELIER, libraire, quai des Augustins, n.º 55.
}

TRAITÉ

SUR

LA SALAISON

DES VIANDES ET DU BEURRE

EN IRLANDE,

ET

MANIÈRE DE FUMER LE BŒUF

A HAMBOURG;

TRADUIT DU DANOIS DE CHRISTIAN MARTFELT

PAR T. C. BRUUN-NEERGAARD,

Gentilhomme de la Chambre du roi de Danemarck,
Membre de diverses Sociétés savantes.

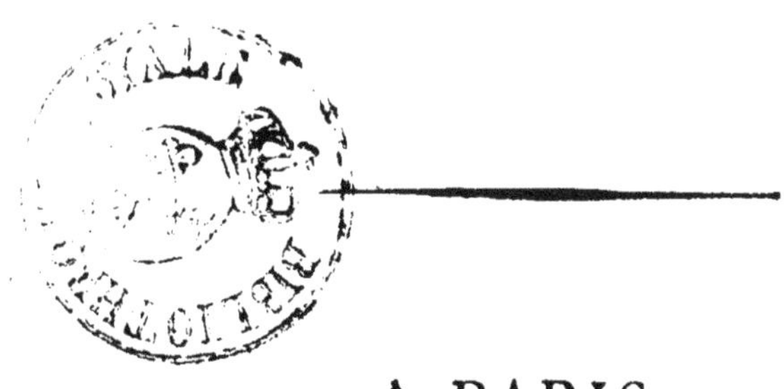

A PARIS,

DE L'IMPRIMERIE ROYALE.

1821.

PRÉFACE.

Depuis long-temps les Hambourgeois et les Irlandais sont en possession de fournir les meilleures salaisons de l'Europe. Aucune nation n'a pu entrer en concurrence avec eux. La société d'agriculture de Copenhague, frappée de l'avantage qui résulterait de l'introduction de leur méthode en faveur de l'économie domestique danoise, proposa, en 1771, un prix pour le meilleur *Traité sur l'art de saler et de fumer les viandes.* Ce fut un jeune Danois, nommé Christian Martfelt, qui le remporta. Ce traité méthodique et remarquable par la précision avec laquelle sont décrits les procédés, présentait une foule de détails recueillis dans un voyage qu'avait fait son auteur, tant en Irlande qu'à Hambourg, pour y étudier les moyens pratiques et les appliquer à une saine théorie.

L'administration danoise sentit tout le prix qu'on devait attendre, pour la marine et pour

l'approvisionnement, d'un bon système de salaison ; aussi vit-on paraître les ordonnances
de 1776 et de 1777, qui encourageaient l'exportation des approvisionnemens en viandes salées et fumées, soit par la concession de primes,
soit par une diminution des droits auxquels ces
marchandises étaient sujettes.

Le gouvernement poussa encore plus loin
sa prévoyance. Des essais furent faits à ses
frais : on vit s'élever en concurrence plusieurs
établissemens dont le succès couronna les ef-
forts des entrepreneurs. Des bouchers suivirent
de point en point les pratiques recommandées
et eurent lieu de s'en féliciter. Une ordonnance
conservatrice fut rendue en 1782, dans le but
d'assurer au commerce danois les avantages qui
devaient résulter de cette excellente méthode :
le succès répondit aux espérances et aux soins
de l'administration, et aujourd'hui encore les
viandes salées en Danemarck conservent la réputation méritée que leur assure l'exécution
des réglemens, qui, sans gêner le commerce,
le surveillent et sont sa garantie.

Le traducteur du traité de M. Martfelt a

entrepris ce travail pour répondre à l'appel fait par la Société royale et centrale d'agriculture de Paris, qui a bien voulu accueillir cet ouvrage et lui a décerné une médaille d'encouragement, en l'invitant à le publier. Puisse le public agréer cette utile production, qui a rendu de si grands services dans le pays où elle a paru pour la première fois!

EXPLICATION

De quelques termes étrangers qui sont dans ce Traité.

Acre. . . . . Les quatre dixièmes d'un hectare.
Yard. . . . . Un mètre environ.
Bushel. . . . . Trente-trois litres soixante-dix cen-
                    tièmes.
Gallon. . . . . Quatre litres soixante-deux centièmes.
Hogshead *ou* barrel(1) Deux cent trente-huit mille quatre cent
                    soixante-cinq centimètres cubes.
C. w. . . . . Un quintal.
Livre de poids. . . . . Quatre cent cinquante-trois grammes.
Livre sterling. . . . . . 22 fr. 80 cent.
Shilling sterling . . . . 1 fr. 08 cent.
Pence *ou* denier sterl.   10 cent.

---

(1) Il est égal à la barrique de Bordeaux.

RAPPORT

Sur le Concours pour les traductions d'Ouvrages étrangers relatifs à l'Économie rurale ou domestique, fait à la Société royale et centrale d'Agriculture, dans sa séance générale du 28 avril 1816 (1).

LA société, en proposant des médailles pour les traductions d'ouvrages ou de mémoires relatifs à l'économie rurale et domestique, a eu pour but de faire connaître parmi nous les méthodes que nous ignorions, ou celles dont la pratique était encore imparfaite ou vicieuse dans notre économie.

Parmi les ouvrages que la société a reçus cette année pour ce concours, et qu'elle a renvoyés à notre examen, celui que M. *Bruun-Neergaard* a traduit du danois, et dont il vous a présenté le manuscrit, nous a paru digne de votre attention, puisqu'il donne une description exacte et détaillée des salaisons de bœufs

(1) Commissaires, MM. *Baudrillart, de Perthuis,* et *de Lasteyrie,* rapporteur.

et de porcs pratiquées en Irlande. On sait en effet que les salaisons d'Irlande sont considérées depuis long-temps comme les plus parfaites de l'Europe, et qu'elles ont la propriété de se conserver parfaitement dans les voyages de long cours.

Cet ouvrage est intitulé : *Manière de saler les viandes et le beurre en Irlande, d'en faire le commerce, et d'élever les bestiaux destinés aux salaisons ; suivie de la Méthode de fumer les viandes, pratiquée à Ham-bourg, &c.* Traduit du danois de *Christian Martfelt*, avec quelques changemens, par *T. C. Bruun-Neergaard.*

L'ouvrage est divisé en trois parties : la première traite de l'engraissement des bêtes à cornes, de la sa-laison et de l'emploi des différentes parties de leur corps ; la seconde considère le porc sous les mêmes rapports ; et la troisième donne la manière de fumer le bœuf à Hambourg.

La première partie se compose de dix chapitres. Le premier et le second sont consacrés à l'engraissement des veaux et des bœufs : on y remarque que les Irlan-dais saignent les veaux, qu'ils leur font prendre de la craie, et des boulettes de farine trempées dans l'eau de-vie, afin de provoquer le sommeil et de faciliter ainsi l'engraissement. Le pâturage et le sol d'Irlande sont naturellement médiocres ; mais l'industrie et l'activité des habitans sont parvenus à leur donner un grand degré d'amélioration dans plusieurs cantons de cette île. L'auteur observe, à ce sujet, que la bonté des salaisons d'Irlande ne tient ni aux qualités du sol, ni à celles des races de bestiaux, mais aux bonnes pratiques de salaison. Ce fait nous prouve qu'en employant les mêmes soins, nous pourrons obtenir en France des salaisons aussi parfaites que celles d'Irlande. La seule condition exigée, c'est que les bestiaux soient parfaitement gras.

L'expérience a appris qu'un acre de bon terrain amélioré, suffit pour engraisser un bœuf, tandis qu'il en faut quatre de mauvais terrain. On n'engraisse jamais dans les étables, mais sur les pâturages, où l'on apporte du foin aux animaux, lorsque l'herbe n'est pas suffisante. On observe que les bestiaux tenus constamment en plein air, jouissent d'une meilleure santé, et donnent des cuirs plus forts et de meilleure qualité. C'est pour cette raison qu'on les réunit pendant l'hiver dans des étables, ou plutôt sous des hangars ouverts de tous côtés.

Le chapitre troisième traite des foires, et des réglemens qu'on y observe.

Les boucheries forment le sujet du quatrième chapitre. La loi défend de tuer des bœufs destinés à la salaison, avant la cinquième année de leur âge ; plus jeunes, leur chair ne pourrait soutenir la quantité de sel nécessaire. On fait servir les vaches au même usage, mais leur chair se vend à un prix inférieur.

On prescrit dans le cinquième chapitre la manière dont les tonneaux doivent être construits, et la quantité de viande qu'ils doivent contenir, &c.

On voit dans le sixième chapitre, qui traite du dépècement, la manière dont on calcule le poids de la viande dans un animal et dont on tranche ses différens membres. Les morceaux ne doivent pas être au-dessous du poids de quatre livres, ni au-dessus de douze livres ; s'ils étaient plus gros, le sel ne parviendrait pas aux os. On fait même des incisions lorsqu'on veut le faire pénétrer plus profondément. On enlève avec soin la moelle des os ; elle sert à l'assaisonnement des poudings ou à la fabrication du savon. Un boucher dépèce dans l'espace de huit heures trente bœufs, pesant chacun quatre cent cinquante livres d'Irlande.

Le septième chapitre donne des détails sur la salaison. On emploie le sel du Portugal, de Liverpool et d'Irlande, dans la proportion de vingt-deux tonneaux pour cent tonneaux de viande. Le sel blanc n'aurait pas assez de force. On sale sous des hangars, le grand air étant jugé favorable au succès de l'opération. Quatre ouvriers salent, dans l'espace de huit heures, trente bœufs de quatre cent cinquante livres, ou cent cochons. Les ouvriers, ayant les mains garnies de gros gants armés de têtes de clous, frottent avec du sel les morceaux, qu'ils se passent successivement. Les marchands qui font le commerce de ces viandes, donnent une caution , et répondent de leur conservation pendant six mois après leur arrivée aux Indes orientales.

Le huitième chapitre traite de l'emballage, de la pression et du remballage auxquels on soumet les viandes. On enlève les morceaux qu'on a d'abord mis dans des tonneaux, on retire la saumure, on frotte les viandes avec de nouveau sel, on les remet dans les vases entre des couches de sel. On observe , au second emballage , un certain ordre dans le placement des différens morceaux. On réitère la pression en les chargeant avec un poids de cinquante livres. Il serait trop long d'entrer dans les détails minutieux, mais importans, à observer dans la pratique ; l'auteur les décrit avec beaucoup de soin et de clarté.

Le neuvième chapitre comprend les différentes parties du bœuf désignées sous le nom d'abattis; le sang, que l'on vend pour l'usage des raffineries de sucre; les peaux et les cœurs, soumis à la salaison, ainsi que les intestins, que l'on envoie à l'étranger après les avoir emballés dans des tonneaux. On retire des pieds de l'huile et de la colle forte. Les tibias sont employés dans différens arts. Les petits os servent au polissage des glaces, après avoir été brûlés et pulvérisés; les rognons et les têtes sont consommés sur les lieux. On exporte les cornes et les vessies ; ces dernières vont en

Écosse, où elles servent à contenir le tabac qu'on fabrique dans ce pays. La graisse est employée par les fabriques de savon et de chandelle. Enfin le fiel, employé pour la teinture, pour certain blanchissage et pour nettoyer les vêtemens, trouve une valeur dans le commerce.

Le dixième et dernier chapitre de la première partie indique la méthode irlandaise de saler le beurre.

On trouve dans la seconde partie de l'ouvrage la manière d'engraisser les porcs. Les pommes de terre, les pois et les vesces, sont en général les alimens qu'on leur donne pour atteindre ce but. La salaison s'exécute à-peu-près comme celle des bœufs; mais on emploie une moindre dose de sel, le lard ne jetant pas une aussi grande quantité de sang ou d'humeur que la chair du bœuf.

L'auteur décrit dans la troisième partie les procédés de fumigation employés à Hambourg pour conserver la viande de bœuf. Après l'avoir frottée de sel, on la laisse huit ou dix jours dans la saumure, et on l'expose à la fumée. Les fumoirs sont placés dans la partie la plus élevée de la maison, et le feu se fait dans la cave, ainsi que je l'ai vu pratiquer dans presque tout le nord de l'Europe. La fumée parvient au fumoir par deux corps de cheminée, situés aux deux extrémités de la pièce. Cette pièce est plus ou moins grande, selon la quantité de viande qu'on se propose de fumer; mais elle a seulement la hauteur d'un homme de taille moyenne. La fumée, après s'être chargée des vapeurs de la viande, s'échappe par trois trous, dont deux sont pratiqués aux murailles, et le troisième au plancher inférieur, de sorte qu'elle est sans cesse renouvelée. Une partie de cette fumée pénètre aussi à travers le plancher dans une chambre supérieure, réservée pour la fumigation des boudins. On donne plus ou moins de fumée par le moyen des trous, qu'on ouvre ou qu'on ferme à volonté. Les pièces de viande sont suspendues à la distance d'un demi-pied.

On entretient la fumée jour et nuit pendant l'espace de quatre à six semaines, suivant la saison de l'année et la grosseur des pièces de viande. Le bois dont on fait usage est celui de chêne; mais il faut qu'il soit bien sec, car sans cela la vapeur qu'il produirait détériorerait les viandes.

Ce qui vient d'être extrait de l'ouvrage traduit par M. *Neergaard*, suffit pour faire sentir l'utilité dont il peut être à notre économie et à notre industrie. Vos commissaires pensent donc que le traducteur mérite de votre part une marque d'approbation et d'intérêt, et ils ont l'honneur de vous proposer de lui décerner une médaille d'or, en l'invitant à publier son travail. Ils croient seulement devoir l'engager à corriger quelques fautes de style, dues à son peu d'habitude d'écrire dans une langue qui n'est pas la sienne, et à établir la comparaison des mesures et poids irlandais avec ceux de France, afin de faire disparaître toute incertitude dans l'application du procédé indiqué.

Il serait aussi à propos que la société invitât M. *Neergaard* à traduire les mémoires ou à donner des extraits d'ouvrages danois qui renferment des pratiques nouvelles ou intéressantes pour notre économie.

(La société a adopté les conclusions de ce rapport.)

TRAITÉ

SUR

LA SALAISON

DES VIANDES ET DU BEURRE

EN IRLANDE.

PREMIÈRE PARTIE.

CONCERNANT LES BÊTES À CORNES.

CHAPITRE Ier

De l'Engraissement des Veaux.

AVANT d'entrer dans aucun détail sur ce qui se pratique en Irlande pour engraisser les bœufs, il est nécessaire de parler des soins qu'on y donne aux veaux dans le même but. L'Irlande n'est cependant pas le pays où l'on puisse sur ce point s'instruire avec le plus de succès. Nous ferons donc d'abord connaître en peu de mots les procédés usités en Angleterre ; ensuite nous comparerons entre elles l'une et l'autre méthode.

Un Irlandais loue autant sa viande de veau qu'un Anglais la sienne : il y a cependant une grande différence quant à la quantité et au goût, différence qui est le résultat, non-seulement du temps qu'on met à engraisser les veaux, mais encore des moyens qu'on emploie pour y parvenir.

Les veaux d'Irlande sont réputés bons pour la boucherie, lorsqu'ils ont bu la moitié du lait d'une vache, quelquefois mêlé avec un peu de farine d'avoine, pendant quatre, cinq ou six semaines. On leur donne en outre, depuis le quinzième jour de leur naissance, s'il y a lieu, du petit lait, jusqu'à ce que l'on ait achevé de les engraisser.

Quelques personnes cependant les engraissent dans un même espace de temps, seulement avec le lait entier d'une vache: mais ce n'est pas la manière la plus usitée; et même, si elle l'était, elle ne pourrait pas être comparée à la méthode anglaise, qui remplit un double but en donnant à la viande un goût délicat, et en offrant au commerce des cuirs une branche plus lucrative.

En Angleterre, on tue rarement un veau avant qu'il ait bu, pendant dix, douze et quelquefois quinze semaines, le lait d'une vache, qu'on lui apporte aux champs dans des seaux. Quelques personnes leur donnent même le lait de deux vaches.

On se sert aussi pour les engraisser, lorsque l'occasion s'en présente, de pains faits avec le marc de substances oléagineuses, principalement de navette *[brassica napus]*, que l'on détrempe dans de l'eau. Cet usage est également très-pratiqué en Hollande , parce que les moulins à huile établis à Saardam peuvent fournir de ces pains en grande quantité. Cet aliment deviendrait trop dispendieux pour l'Irlande , vu qu'il lui faudrait le tirer de l'étranger.

On donne quelquefois aux veaux de la farine d'avoine ou de froment , mais rarement , parce qu'on regarde le lait de vache comme la meilleure nourriture possible , et tout le reste comme surabondant : la farine dans de l'eau ne s'emploie que pour économiser le lait.

On leur donne aussi en Angleterre , dans la dernière quinzaine , tous les deux ou trois jours , une couple de boulettes , chacune de la grosseur d'un œuf , faites avec de la farine d'avoine ou de froment , trempées dans de l'eau-de-vie de grains. Cela sert à les faire dormir ; or, le sommeil et le repos ne contribuent pas peu à les engraisser.

Pour rendre leur viande plus blanche , comme on dit, on leur donne de temps en temps un peu de craie. Cette substance calcaire a pour effet d'absorber et de détruire les sucs acides qui embarrassent l'estomac ; mais on n'en fait pas généralement usage.

En Angleterre, avant de tuer les veaux , on leur tire du sang trois ou quatre fois dans les huit derniers jours ; ce qu'on ne fait pas en Irlande.

Le long espace de temps qu'on met à engraisser les veaux ne contribue pas seulement à la jouissance des gourmands ; il est encore d'un grand rapport pour l'État; rapport auquel aucun autre pays ne peut espérer d'atteindre, à moins de suivre la méthode anglaise pour l'engraissement.

La manière de tanner n'est pas non plus la seule cause qui procure à l'Angleterre une si grande supériorité dans le commerce des cuirs ; le nourrissage des veaux y influe aussi particulièrement. L'Irlande, qui a des peaux de veaux en quantité et même des tanneurs anglais, ne pourra jamais fournir d'aussi bons cuirs que l'Angleterre, à moins d'adopter sa façon d'engraisser, puisque l'Angleterre elle-même ne peut pas faire passer dans le commerce, pour ses propres cuirs, ceux qui sont préparés avec des peaux irlandaises.

Il est hors de mon sujet de parler plus au long sur cette matière. On peut cependant remarquer que la France a essayé beaucoup de moyens pour préparer du cuir à la manière anglaise, mais qu'elle a été forcée d'en cesser la fabrication, après y avoir dépensé de fortes sommes. Il paraît qu'on n'a pas pensé à la grande influence que le nourrissage du veau a sur la qualité du cuir.

Ainsi la principale cause de la supériorité des cuirs anglais ne tient ni à l'eau, ni à l'écorce de bois, ni au climat, ni à la préparation particulière, quoique tout cela puisse y contribuer; mais à la qualité que ces cuirs doivent aux soins qu'on prend pour engraisser les veaux. Et c'est ainsi que la gourmandise anglaise tourne au profit de la chose publique.

CHAPITRE II.

De l'Engraissement des Bœufs.

L'IRLANDE a deux variétés de vaches, celles de race anglaise et celles de race danoise. Les Danois ayant subjugué huit fois l'Irlande, y laissèrent, comme marques vivantes de leur présence, deux espèces de vaches, l'une à tête rouge et l'autre bigarrée. Ces dernières appartiennent communément et presque exclusivement aux provinces du nord de l'Irlande. Un Danois qui arrive dans ces contrées les reconnaît facilement, parce qu'elles sont plus petites et qu'elles ont les cornes contournées autrement que les vaches anglaises. Je puis cependant assurer que la viande de cette race entre dans les tonneaux salés à Meath et à West-Meath pour Belfast, et se conserve très-bien six mois après être arrivée aux Indes, et, dans d'autres circonstances, encore plus long-temps. Je cite ce fait pour tranquilliser ceux qui salent dans d'autres pays, et pour détruire les préventions que l'on nourrit trop souvent contre telles localités ou tels climats.

Dans certaines parties de l'Irlande où le sol est médiocre et la culture négligée, le pâturage est peu abondant : mais il est meilleur par-tout où l'intelligence éveille le cultivateur ; souvent on y voit de maigres terrains se revêtir d'herbages gras et savoureux.

Il est donc nécessaire de dire avant tout quelques mots sur les prairies, que chacun cultive dans ce pays avec autant de soin qu'on en apporte ailleurs aux terres où l'on sème le blé.

L'herbe la plus saine croît, comme on le sait, sur les terrains élevés, tandis que l'herbe longue et forte vient sur les terrains bas. On choisit donc, quand on le peut, pour engraisser le bétail, les prairies des terrains qui ne sont ni trop hauts ni trop bas, et l'on prend bien garde qu'il ne mange pas d'herbe aigre. On répand tous les deux ans, dans l'automne, sur l'endroit qui doit servir de pâture pendant quinze ou vingt ans, le fumier des bestiaux qu'on a réunis de divers points sur un même emplacement : cet engrais contribue beaucoup à la croissance de l'herbe pour le printemps suivant. On emploie aussi dans le même but, quand on peut s'en procurer, des cendres de lessive, de la chaux, du va-rech, &c. suivant la nature du sol. On sème en outre quelquefois la graine de diverses plantes, comme le trèfle rouge et blanc et d'autres espèces d'herbes natu-relles ; l'expérience a prouvé que ces dernières, com-parativement aux trèfles, donnent de meilleures viandes et de meilleur beurre.

Selon la quantité et la qualité de l'herbe, un bœuf a besoin d'une plus ou moins grande étendue de terrain pour être engraissé ; et cette différence est si sensible, que lorsqu'un *acre* seul du meilleur pâturage est suffi-sant pour engraisser un bœuf, il en faut au moins consacrer quatre d'un terrain maigre. Aussi existe-t-il une telle disproportion dans la valeur vénale de ces terrains, que le prix des uns s'élève de 4 à 5 livres sterl. l'*acre*, tandis que celui des autres n'est que de 4 à 5 shillings sterling. Le calcul le plus général de l'agriculteur est qu'il faut vingt *acres* d'Irlande de la première qualité pour engraisser douze bœufs. L'*acre* de plantation (comme on l'appelle en Irlande) a vingt perches de long sur huit de large. Chaque perche est de sept *yards* ou vingt-un pieds.

Quant à la récolte des foins, il est à remarquer que même les meilleures prairies ne sont coupées qu'une fois par an dans le mois de juillet, avant que les graines mûrissent, pour ne pas affaiblir le terrain. Ces prairies servent quelques jours après de pâturages pour les bestiaux. Cet usage est regardé comme d'autant plus avantageux, que la terre s'engraissse en même temps de la fiente de ces animaux, qu'on y répand chaque semaine avec une fourche pendant qu'ils paissent.

On ne pense pas à engraisser les bœufs avant qu'ils approchent de leur quatrième année, la loi ayant fixé cette époque : elle avait même déterminé qu'aucun bœuf ne pourrait être tué pour l'exportation, s'il n'avait plus de cinq ans ; mais depuis elle a réduit cet âge à quatre ans passés, ou, comme le dit l'acte, dans la cinquième année.

Le peu d'aisance des paysans irlandais ne leur permet pas d'engraisser des bestiaux ; mais les propriétaires achètent leurs bœufs jeunes et maigres vers la fin du mois d'avril, et les mettent au pâturage le 1.er de mai, en leur assignant une étendue de terrain proportionnée à leur nombre. Ils ont ainsi le temps nécessaire d'engraisser pour l'exportation, qui n'a lieu que dans les mois de septembre et d'octobre, époque où commencent les abattages, et pendant laquelle on ne donne aux bœufs que de l'herbe et de l'eau, dans le midi et le nord de l'Irlande. Il peut cependant y avoir quelques exceptions dans cette dernière contrée, si des pluies continuelles et des froids, pendant le mois d'octobre, nuisent à la croissance de l'herbe : alors on leur apporte aux champs du foin de première qualité, même deux fois par jour, parce qu'ils n'entrent jamais dans l'étable qu'au moment d'être tués. On donne généralement en Irlande le meilleur foin aux bœufs qu'on veut engraisser ; le foin médiocre est destiné aux chevaux : cette préférence est la suite nécessaire de ce que l'engraissement des bestiaux est la principale ressource du pays. Les bœufs qui ne doivent pas être exportés, ne sont engraissés qu'après avoir passé leur cinquième année, et même quelquefois après la sixième.

Engraisser les bœufs dans les étables, comme on le fait en Danemarck et en d'autres pays, est une chose tout-à-fait inconnue en Irlande. J'ai vu plusieurs fois des propriétaires irlandais, non-seulement être étonnés, mais même rire, quand je leur racontais que, dans plusieurs pays, les bœufs sont principalement engraissés à l'étable, et que, pour y parvenir, on leur prodigue, non-seulement les grains en paille, mais en outre plusieurs milliers de tonneaux des meilleurs grains, comme avoine, seigle et orge, sans songer à l'amélioration des prairies, comme on le pratique en Irlande. Un tel usage, observaient-ils, ne pouvait venir que de ce qu'on ne savait pas tirer un meilleur parti des grains, et l'on se rirait avec raison de quiconque en agirait ainsi dans leur pays. Je ne puis nier que, sur-tout en y réfléchissant, je n'aie trouvé leur remarque très - judidicieuse.

Le bétail est tenu dans les champs aussi long-temps qu'il est possible : les gelées et les mauvais temps seuls décident à les faire rentrer. Les étables, même chez les plus riches propriétaires, sont construites plutôt pour abriter que pour loger les bestiaux ; car elles sont ouvertes de tous les côtés, et ordinairement sans portes. On regarde l'*air libre*, non-seulement comme salutaire aux animaux, mais encore comme utile pour fortifier leur poil, qui sans cela se perdrait dans l'étable, et dont le produit néanmoins est important, autant par sa propre valeur, que par celle qu'il conserve aux peaux, qui sont toujours vendues au poids.

On a diverses manières de nourrir les bestiaux dans les champs pendant l'hiver. Quelques personnes leur apportent du foin sous les arbres, et observent de le placer du côté le plus à couvert ; d'autres le déposent dans des râteliers que l'on construit de manière qu'ils couvrent en même temps l'animal et le foin. Cette dernière méthode est préférable à la première, en ce que les grosses gouttes de pluie qui tombent des arbres, laissent sur la peau de l'animal des taches qui en diminuent le prix. Elle évite aussi que la pluie ne délaie le fumier que dépose le bétail dans l'endroit où il mange, et qui alors ne profite qu'à une très-petite partie du terrain, tandis qu'en l'abritant, il peut être répandu avec avantage sur toute la prairie.

Il est évidemment reconnu que la viande ne saurait jamais être trop grasse, et que plus elle l'est, plus elle conserve son bon goût dans le sel. Or, il n'y a pas d'autres moyens pour parvenir à lui donner au plus haut degré cette qualité, que celui dont nous avons parlé, c'est-à-dire, du bon foin et de l'herbe en abondance.

A l'égard des achats et des ventes qui se font dans les pâturages, quand la distance n'est pas contraire à celle qui est prescrite pour le lieu fixe de la foire, la loi ordonne que, si un acheteur laisse les bœufs ou les brebis plus de cinq jours chez le vendeur, celui-ci a droit de les revendre à un autre, et que le premier acheteur doit lui tenir compte de la perte qu'il a pu éprouver.

On a cru que si un boucher faisait pâturer des bœufs, il pourrait tromper le public et vendre de la viande mal engraissée, au préjudice des autres ; c'est pourquoi la loi a dit : « Aucun boucher ne peut faire pâturer des

bœufs, ni engraisser du grand ou du petit bétail, posséder ou cultiver un terrain qui appartienne à un autre,
sous peine de vingt livres sterling d'amende pour
chaque mois qu'il en aura agi ainsi. » La même loi est
renforcée par un acte postérieur qui défend à tous bouchers de nourrir du bétail sous peine de confiscation.

Cette loi, quoique toujours subsistante, n'est cependant pas exécutée à la rigueur : car j'ai connu des
bouchers qui possédaient quelques centaines d'arpens
de terrain couverts de bœufs gras, sans qu'on leur en
fît le moindre reproche. Il me parut même étonnant
que plusieurs d'entre eux, à qui je parlais de cet acte,
n'en eussent pas la moindre connaissance. Cette loi en
elle-même n'est à la vérité utile à rien, relativement aux
viandes qu'on exporte, et elle pouvait aussi bien être
anéantie qu'exécutée avec rigueur, puisque la viande
peut être cédée au marchand aussi facilement de la
première main que de la seconde. La fraude ne peut
presque pas avoir lieu sur la viande qu'on exporte,
parce que la salaison n'est pas faite par les bouchers,
mais par d'autres personnes. Il s'agit donc, pour leur
propre avantage, d'avoir la meilleure viande possible.
Cependant, comme les bouchers trompent souvent aux
foires publiques avec leur viande aussi bien le pauvre
que le riche, ce qui arrive encore tous les jours malgré
la rigueur de l'inspection, on a sagement rendu cette
loi pour toutes les viandes sans exception. Il n'y a
aucun motif d'épargner ceux qui la violent, si ce n'est

que les bouchers qui engraissent des bœufs, le font presque toujours pour l'exportation, et que l'expérience a appris que les grandes fraudes dans les foires sont pratiquées par ceux qui n'engraissent pas.

Quand le bœuf est gras, on le mène aux foires.

CHAPITRE III.

Des Foires.

COMME la fraude est le plus grand ennemi d'un commerce bien organisé et fondé sur des principes politiques, une des premières choses que les législateurs ont considérées en établissant les foires, a été de rechercher les moyens de l'empêcher. En conséquence, la loi détermine l'endroit où le bétail peut être vendu ou acheté par les bouchers, à un rayon de vingt lieues irlandaises [environ quatorze lieues de France] de distance du lieu où se tient la foire, sous peine, en cas de contravention, de payer la valeur du bétail vendu. Cependant, dans certains cantons, le rayon de distance du lieu de la foire n'est fixé qu'à six lieues irlandaises [environ quatre lieues et demie de France] Cette mesure tend à éviter que les bœufs ne perdent de leur graisse par la fatigue du chemin.

La foire ne peut commencer que quand la cloche a sonné ; ce qui a lieu, pendant la plus grande partie de l'année, à six heures du matin, et le reste de l'année à huit heures. Toute infraction à cette loi est punie d'une amende de dix livres sterling, dont moitié est allouée au dénonciateur et l'autre moitié à la commune.

De même que les grandes villes ont leurs courtiers pour accélérer le commerce, les grandes foires ont aussi les leurs, quoique moins importans : on les appelle *salesmen* [hommes de vente]. On peut les considérer comme des commissionnaires à qui les paysans et autres envoient leurs bestiaux vers le temps de la foire, pour les vendre le plus avantageusement possible. Personne ne peut remplir cette place qu'après s'être fait cautionner pour 200 livres sterling, par deux hommes connus du lord-maire de Dublin ou des maires *[mayors]* des autres villes. Ils promettent d'être justes, de vendre les bestiaux de la manière la plus profitable pour les propriétaires, et cela aux foires publiques et sans fraude. Dans le cas contraire, il y a 100 livr. sterl. d'amende, dont moitié applicable au dénonciateur et moitié aux pauvres de la ville.

Celui qui est ainsi installé par le lord-maire ou un autre maire, est, d'après la loi, obligé de rendre compte au propriétaire, dans un bordereau signé de lui, du bétail vendu ; le nom de l'acheteur, ainsi que le prix de la vente, doivent y être énoncés. Si un *salesman* trompe quelqu'un, le lord-maire est tenu d'indemniser celui-ci sur le cautionnement donné. Le *salesman* peut même être arrêté, si l'affaire n'est pas terminée à l'amiable, et il lui est interdit de faire aucune vente avant d'avoir réintégré son cautionnement. Si un *salesman* fait banqueroute, ou disparaît sans avoir payé des bestiaux, les propriétaires sont les premiers qui aient droit de se faire payer sur son cautionnement.

Les attributions du *salesman* n'empêchent cependant personne de vendre soi-même ses bestiaux ; il est même soumis à une amende de 40 shillings, chaque fois que quelqu'un est empêché de vendre, soit par lui-même ou par ses ordres.

Cette loi n'est pas observée strictement, parce que le cautionnement est très-fort et que les affaires sont peu importantes. On prend plutôt garde à bien connaître la moralité de l'homme que l'on emploie qu'au cautionnement. Le salaire de l'homme qui vend aux foires est de *six pences sterling* par chaque tête de bétail.

L'acheteur aux foires est presque toujours un boucher qui tue pour son propre compte, quoique avec les avances d'un marchand, autant de bœufs qu'il en a besoin pour livrer la quantité de livres de viande qui lui a été demandée. Il est d'usage que le marchand qui exporte, ne fasse le marché que pour la viande propre à la salaison, et que le boucher tire l'avantage qu'il peut de ce qui lui reste.

Pour prévenir tout retard et toute contestation dans les foires, la loi veut que, quand le marché est conclu et qu'on a donné des arrhes, le vendeur soit tenu d'attendre pendant deux heures son paiement. Durant cet intervalle , l'acheteur peut se dédire de son marché, et le vendeur garder les arrhes, avec la faculté de faire supporter au premier acheteur la perte qu'il pourrait éprouver par la revente.

Pour éviter toutes sortes de fraude, les bestiaux vendus aux foires ne peuvent pas être revendus le même jour, à peine d'en perdre la valeur, et de plus, en aucun temps, un boucher ne peut revendre à un autre boucher sans payer une amende double de la valeur du bétail.

Quant au *crédit*, il est rarement en usage aux foires : on a coutume de payer comptant ou en lettres de change. Le *salesman* peut cependant faire crédit de quelques jours , quand il connaît l'homme à qui il vend ; mais si celui-ci manque à sa parole et qu'il se soit écoulé cinq jours depuis le marché conclu, le prix de la vente demeure aux risques du *salesman.*

Les prix varient suivant les circonstances et les époques. Le marchand peut difficilement connaître la valeur primitive des bestiaux qu'il achète des bouchers; cela dépend beaucoup de la plus ou moins grande quantité du suif, et de son prix courant.

Les bœufs pour la salaison sont tués peu de jours après la foire.

CHAPITRE IV.

De la Boucherie.

L'ABATTAGE des bestiaux commence au 1.ᵉʳ septembre et dure jusqu'au 1.ᵉʳ janvier : mais le plus grand nombre est tué depuis le milieu d'octobre jusqu'au milieu de novembre, parce que vers ce temps l'animal est dans le meilleur état, et qu'il commence ensuite à dépérir à mesure que l'herbe devient plus rare.

On a déjà fait remarquer que le bœuf vendu pour l'exportation doit être au moins dans sa cinquième année : la loi était autrefois très-sévère à cet égard ; actuellement elle veut que quiconque enfreint cette loi perde la valeur du bétail tué, dont une moitié est pour le roi et l'autre pour le dénonciateur. Non-seulement le boucher, mais encore tout individu qui amène dans les ports des viandes qu'on sait provenir d'un animal qui n'avait pas l'âge prescrit par la loi, est soumis à la même punition. L'expérience sur laquelle est fondée cette loi, qui est rigoureusement observée, a appris qu'indépendamment de la graisse, la viande doit avoir acquis un certain degré de consistance pour pouvoir soutenir une forte salaison : aussi est-ce une des premières règles de cette préparation que l'animal soit à sa cinquième année ; il est même encore plus avantageux qu'il l'ait passée. On tue aussi des vaches grasses

pour la salaison, et leur viande est vendue aux con-
sommateurs qui recherchent le bon marché.

Le bétail n'est pas conduit tout de suite de la foire
à la boucherie ; il faut qu'il ait le temps de se reposer :
amené d'endroits éloignés, souvent il est échauffé et
dans un état d'abattement. On a soin de le mettre
dans un endroit très-propre et bien aéré, pour qu'il
puisse, avant d'être tué, reprendre toute sa vigueur ;
on pousse même la précaution jusqu'à lier les animaux, afin qu'ils ne se touchent pas l'un l'autre. On les
laisse ainsi deux ou trois jours, quand'ils ont été ame-
nés de moins de deux lieues de distance, et on ne leur
donne pendant ce temps que de l'eau.

La loi s'occupe aussi des lieux où doit se faire l'a-
battage des bestiaux : elle défend aux bouchers de
tuer aux foires ou dans les étables ; et en cela ses dispositions étaient d'autant plus nécessaires, que plusieurs
personnes entreprenaient la boucherie sans avoir un
emplacement convenable. En général, les boucheries
des petites villes sont les mieux organisées. Si un négociant veut avoir l'œil sur toute sa boucherie, il est naturel qu'il cherche à réunir autour de lui tout ce qui la
concerne, et disposé dans le meilleur ordre possible ;
c'est à Belfast que j'ai vu des établissemens en ce genre
les mieux organisés : les bœufs y ont leur cour, le
tonnelier a la sienne, et les tonneaux vides leurs places ;
on y voit un emplacement pour la viande quand on la
sale, et un autre pour les tonneaux remplis. Tout est

ainsi l'un près de l'autre et dans la même enceinte, sans causer le moindre désordre. A Dublin et à Cork, au contraire, les viandes sont traînées, dans les rues, de l'abattoir du boucher chez le marchand, qui est le vrai saleur, ainsi qu'on le verra dans la suite.

La loi sur la boucherie ordonne de tuer proprement, fait défense de coudre de la graisse sur la viande ou de pratiquer toute autre fraude, sous peine de payer aux pauvres la valeur des bestiaux, et même de punition corporelle faute de paiement. Cette loi est rigoureusement observée.

La manière dont on doit dépouiller l'animal de sa peau est importante à observer, parce que cette peau gagne ou perd par-là considérablement de sa valeur. La loi punit non-seulement le boucher, mais encore tout homme qui gâte les peaux par des coupures ou des déchirures, de *dix shillings sterling* pour chaque grande peau, et de *deux shillings six pences* pour une peau de veau. Celui qui veut vendre des peaux ainsi gâtées est puni de même. Pour qu'il ne sorte point du pays, au détriment du commerce, des peaux salées qui auraient éprouvé des détériorations, le *peseur* à qui les peaux sont remises pour en constater le poids, et dont nous parlerons dans la suite, a droit de retenir celles auxquelles il trouve quelques défauts essentiels.

Le bœuf, après avoir été tué, reste ainsi pendant un jour pour se refroidir. C'est ici le lieu de parler du tonneau dans lequel on met la viande.

CHAPITRE V.

Du Tonneau.

NOUS ferons remarquer que la loi qui a tracé des règles si précises pour les tonneaux de beurre et de graisse, détermine seulement, pour les tonneaux de viande, la mesure, le poids et la marque qu'ils doivent avoir quand la viande y est déposée. On observe cependant avec rigueur les mêmes dispositions pour les tonneaux de viande que pour ceux de beurre et de graisse, comme si elles avaient été également prescrites pour les salaisons.

Le tonneau peut être considéré sous un double rapport, savoir; lorsqu'il sort de la main du tonnelier, et lorsqu'il est rempli de viande : la loi renferme, pour les deux cas, des règles qu'il paraît convenable de faire connaître.

Un *barrel* ou tonneau entier ne doit pas contenir au-dessous de neuf à dix *gallons*, ni au-dessus de trente, et un demi-tonneau, au-dessous de quatorze et demi à quinze *gallons*.

Un *gallon* est de quatre quarts anglais : le quart équivaut à deux *pints*, et le *pint* à un *quart de pouce cubique* anglais. Le tonnelier confectionne son tonneau exactement d'après cette mesure: dans le cas contraire, il est puni d'une amende de vingt shillings. Le tonneau est, comme on le sait, composé de douves, de fonds

2..

et de cercles. Les douves sont ordinairement de bois de chêne qu'on fait venir de Virginie ou de Philadelphie , et qu'on préfère pour la bonté et la durée à ceux de New-York. Quoique le voyage de l'Amérique septentrionale soit long , ces bois ne parviennent pas toujours pour cela bien secs en Irlande; souvent ils sont encore très-verts : dans ce dernier cas, on les fait sécher autant qu'on le peut, avant d'en faire des tonneaux.

Le prix des douves varie : en 1764, on vendait 8 liv. sterl. le mille celles de Philadelphie et de la Virginie, et celles de New-York un prix inférieur.

Les douves de la Virginie et de Philadelphie ne sont pas seulement du meilleur bois; elles ont encore l'avantage, par leur épaisseur , de pouvoir être refendues, ce qui fait que le tonneau revient à meilleur marché.

Quant aux fonds , ils doivent être du même bois que les douves, et être bien emboîtés dans le tonneau, sans être cloués en aucune manière.

Les cercles sont faits avec du noisetier, du frêne, du saule, du châtaignier ou du bouleau, &c.: on en importe la plus grande partie de l'Angleterre ; ceux de Bristol sur-tout sont préférés. Le prix ordinaire des cercles pour les tonneaux entiers est de 30 shill. sterl. le mille; pour les tonneaux un peu plus grands, de 34 shill. sterl.; et pour les plus grands, de 40 shill. sterl. Les premiers tonneaux ont six pieds et demi de long ; on les appelle en Angleterre *firkins* , et à Cork *barrels :* les seconds ont sept pieds et demi de long ; on les appelle en Angleterre *kilderkins* , et à Cork *bier-barrels :* les troisièmes ont huit pieds et demi de long , et portent à Londres le nom de *London-barrels* , et à Cork celui d'*hogsheads*.

On pose les cercles des tonneaux de viande de la même manière que ceux des tonneaux de beurre ; on y en met aussi la même quantité , c'est-à-dire, trois par chaque quart de tonneau, ce qui fait douze cercles pour un tonneau entier , lesquels doivent être placés comme le sont ceux des tonneaux de vin de France.

Quand le tonneau est achevé, on souffle dedans pour s'assurer qu'il n'y a pas de jour entre les douves ; s'il en existe, on bouche ces ouvertures avec des joncs. On paie 10 shillings sterl. toute la quantité qu'un cheval en peut traîner.

La forme des tonneaux n'est pas indifférente : quand les douves en sont courbées le moins possible, leur emménagement dans le vaisseau est bien plus commode.

Le poids de la viande que la loi prescrit pour un tonneau ou *barrel* est de deux quintaux ; pour un demi-tonneau, la moitié ; et pour un *tiers* ou tonneau et demi, trois quintaux. Un tonneau qui n'a pas le poids ci-dessus indiqué , est confisqué , moitié au profit du roi et moitié au profit du dénonciateur; et lorsque ce tonneau appartient à un négociant qui a salé et vendu lui-même, il est condamné à une amende de 10 shillings sterl. pour chaque tonneau. Si l'on doute de la justesse du poids, on retire la viande et on la pèse seule.

Chaque tonneau de viande doit être marqué d'une empreinte appliquée avec un fer rouge, contenant sur la première ligne les lettres initiales des prénoms et le nom en entier du marchand ou du saleur; et sur la seconde, le nom du lieu où il a son domicile habituel ou momentané. Pour un tonneau où cette marque manque, on est puni de 10 shillings sterling comme pour fausse salaison. On pourrait penser que la marque du marchand doit seulement garantir la capacité du tonneau, et non la salaison; mais à Dublin, comme le marchand est en même temps celui qui fait saler, sa marque doit garantir l'une et l'autre.

Après que la viande est dans les tonneaux et qu'ils sont fermés, la plupart des marchands substituent aux trois cercles qui garnissent chacune des extrémités autant d'autres cercles qu'elles en peuvent recevoir, ce qui en porte le nombre de dix-huit à vingt au lieu de douze : cette attention a pour but de mieux conserver la viande; cependant quelques personnes prétendent que douze cercles lient plus solidement un tonneau qu'une vingtaine. Quoi qu'il en soit, les tonneaux de dix-huit à vingt cercles sont plus communément en usage pour les Indes, où on les paie 2 ou 3 shillings sterling plus cher que les autres , dans la persuasion que la viande y a été mieux conservée.

CHAPITRE VI.

Du Dépècement.

LES marchands des grandes villes traitent avec les bouchers par l'entremise d'un *courtier*, qui, pour cela, ne fournit pas de cautionnement; car le boucher compte directement avec le marchand pour les viandes qu'il a livrées. Dans les petites villes, le marchand qui fait saler chez lui, traite avec le boucher sans intermédiaire.

Dans le premier cas , le *courtier* conclut pour la viande seule un marché dans lequel les langues sont toujours comprises , mais rien autre chose. Il est souvent même plus nécessaire qu'il suive son propre jugement sur la qualité de la viande que l'ordre de l'acheteur absent.

La manière la plus usitée de faire et de conclure le marché pour la viande, a lieu d'après le poids du bœuf entier et par quintal. Pour en donner une idée, je rapporterai ici les prix de l'année 1764.

Pour un bœuf du poids de trois cent cinquante liv., le quintal de viande coûtait 9 shillings 6 deniers ; pour un de quatre cent cinquante livres, le quintal coûtait 11 shillings; et pour un de cinq cent cinquante liv., de 12 shillings 6 deniers à 13 shill. Le poids du bœuf est évalué sans y comprendre la tête, les pieds et la peau, qui ne font jamais partie du marché.

D'après cette manière de calculer, le marchand dit par exemple au boucher: J'ai besoin de quatre cents tonneaux ou *barrels* de viande de la seconde qualité (c'est celle qu'on envoie ordinairement aux Indes); achetez des bœufs et faites tuer à temps. Je paierai le prix courant, si la viande est bonne.

Le boucher, qui connaît le marchand, achète pour l'époque fixe, en deux ou trois fois, le nombre de bœufs nécessaire, et les tue. Après cela, il envoie chercher le courtier pour lui faire inspecter la viande : s'il arrive qu'un bœuf ne pèse pas le poids convenu, ou qu'il ne soit pas aussi gras que doit l'être ordinairement un bœuf de ce poids, le boucher est obligé de diminuer le prix, et le marché définitif est clos. Il n'y a plus alors rien à démêler entre le marchand et le boucher; il ne leur reste qu'à s'entendre sur le paiement.

Le marché conclu, le boucher fait porter la viande chez le marchand ou le courtier, à quelque éloignement qu'ils soient l'un de l'autre, pour être dépecée et salée. On la porte plus ordinairement chez le courtier. Il y a cependant beaucoup de marchands qui aiment mieux faire saler chez eux, et qui y font apporter les viandes et les tonneaux. Dans tous les cas, à Dublin, le courtier a l'inspection générale; et quelque soit le lieu qu'on choisisse pour saler, le boucher doit toujours faire le dépècement.

La loi défend au boucher de couper les parties na-
turelles d'un animal destiné à être salé pour le commerce, sous peine d'une amende de 20 shill. sterl. ,
dont la moitié au profit de la commune et l'autre au
profit du dénonciateur. S'il ne paie pas l'amende, il est
puni du fouet.

Cette loi n'est pas en vigueur, et le boucher la
viole presque toujours ; mais peu importe, car le marchand sait bien faire la différence des viandes.

Le courtier est toujours présent, depuis le dépècement jusqu'à la fin de la salaison ; il ne perd pas un
seul moment de vue le boucher ni le saleur.

Aucune viande ne doit être saignante, quand elle
passe du boucher au saleur, et l'on en fait la remarque
quand on s'en aperçoit.

Il n'y a pas une grande différence entre la manière
de dépecer la viande destinée aux approvisionnemens
de la marine et celle qui doit composer la cargaison des
vaisseaux de commerce. Pour ces deux destinations,
on retranche les parties saigneuses du cou et on les
donne aux pauvres. On en retranche cependant un
peu plus à la viande de cargaison qu'à celle d'approvisionnement. La cuisse est de même coupée beaucoup
plus courte pour cette dernière. En général, afin d'en
faciliter la distribution, les morceaux sont coupés plus
petits pour les vivres de la marine.

On compte qu'un tonneau *[barrel]* pour la flotte
royale doit contenir cinquante-six morceaux, de quatre

livres chacun, et par conséquent deux cent vingt-quatre livres. Le volume du morceau est proportionné à la ration journalière, qui est de quatre livres pour deux matelots.

Les *morceaux de poitrine* sont, pour la cargaison, aussi grands qu'on peut les saler. Il est impossible de fixer la grandeur de chaque morceau : trop petits, ils sont inutiles ; trop grands, ils sont incommodes et même nuisibles pour la salaison, parce que le sel peut difficilement y pénétrer jusqu'aux os. En général aucun morceau ne doit avoir moins de quatre livres ni plus de douze.

On ne distrait pas *l'aloyau*, comme quelques personnes le croient; mais on fait des incisions aux plus gros, dans les endroits où l'on peut s'en apercevoir le moins, pour que le sel y pénètre mieux.

Il faut bien prendre garde que les os à *moelle* n'entrent pas dans le tonneau avant que la moelle en ait été retirée. A cet effet, un garçon, uniquement occupé à cela, vide soigneusement avec un instrument de bois les os qui en contiennent, avant de passer la pièce de viande au saleur.

La *moelle* est employée dans le ménage et à d'autres usages. Au commencement de la saison où on tue les bœufs, son prix est de 4 deniers la livre; vers Noël, elle coûte 6 deniers la livre, parce qu'il faut, à cette époque, du *pouding* de moelle dans toutes les maisons. Le principal débit s'en fait pour la fabrication du savon ; et vendue par fortes parties pour cet objet, elle ne coûte que 2 , 2 et demi , ou 3 deniers la livre.

Si quelques os sont trop longs, on les coupe ; on n'y regarde pas cependant de trop près , sur-tout pour la viande de cargaison.

Le *couperet* dont le boucher se sert est fait d'une seule pièce : son tranchant est d'environ deux pieds et sa hauteur d'un peu plus d'un pied ; le manche a environ la même longueur. Cet instrument est si lourd, qu'il sépare presque par son propre poids le morceau de viande sur lequel il tombe.

On peut juger de l'activité du boucher, quand on saura qu'il dépèce ordinairement, en huit heures de temps, trente bœufs, du poids de quatre cent cinquante livres chacun. La viande passe à ceux qui salent, au fur et à mesure qu'elle est dépecée par le boucher et le garçon qui l'aide.

CHAPITRE VII.
De la Salaison.

Il y a en Angleterre une seule loi générale pour la salaison ; c'est celle qui veut que tout sel soit vendu au poids (le *bushel*, compté à cinquante-six livres), et qu'aucune viande ne puisse être salée avec de la saumure, ou avec du sel gemme avant qu'il ait été raffiné en sel blanc : cette loi est rigoureusement observée en Irlande ; pour le reste, tout est libre quant à l'espèce du sel et à la manière de saler. A cet égard, une longue expérience, mieux que la loi la plus rigoureuse, a su faire discerner les meilleurs procédés.

Il n'y a pas de remarques à faire concernant l'endroit où l'on sale. Le courtier fait ordinairement cette opération chez lui, dans sa cour, sous un *hangar*. Le marchand prend plus de précautions; il a pour cela un local disposé dans sa maison : mais il est généralement reconnu qu'il faut de l'air pour ce travail.

Le *saloir* est disposé en long, pour que les saleurs puissent plus commodément se faire passer la viande de l'un à l'autre : ses côtés ont environ un pied de hauteur. La viande y est jetée de gauche à droite, jusqu'à ce qu'on la mette dans les tonneaux placés auprès de la partie la plus élevée du saloir.

Le sel dont on se sert est le petit sel de Lisbonne, de Liverpool ou d'Irlande. Il y a peu de différence entre ces deux dernières espèces, attendu qu'elles proviennent l'une et l'autre du sel gemme de Liverpool. Le sel de Dublin et des autres villes qui avoisinent les rivières n'est pas aussi fort que celui de Newry, Belfast, Waterford, et en général des villes qui sont à la proximité de la mer, où l'on a la facilité de se procurer de l'eau salée pour dissoudre le sel avant qu'il soit raffiné; mais cette différence, qui en établit une dans les prix, n'en apporte pas dans la consommation qui s'en fait; le saleur augmente ou diminue le dosage des divers sels qu'il emploie concurremment, suivant le plus ou moins de force qu'il leur connaît.

Pour abréger, j'appellerai *sel anglais* le sel de Li-verpool et les deux autres sels d'Irlande, sans faire mention du sel de mer de Limington ou d'autres en-droits d'Angleterre.

La proportion que les meilleurs saleurs observent dans l'emploi de cette substance, est de onze *hogsheads* ou vingt-deux *barrels* [tonneaux], pour cent barrels de viande. Le sel n'est pas mesuré, mais pesé, comme on vient de le dire; cependant c'est ainsi que l'on compte, et l'on entend par un *hogshead* de sel sept *c. w.* ou sept cent livres. De ces onze *hogsheads*, cinq sont de sel de Lisbonne, et les six autres de sel anglais, les-quels, après avoir été mêlés avec quatre de celui de Lisbonne, sont en totalité employés pour frotter la viande : ce qui reste est répandu dessus en la déposant dans le tonneau, parce qu'on n'emploie pour cette der-nière préparation que du sel de Lisbonne pur.

Quoique ces proportions ne soient pas toujours ob-servées rigoureusement, il ne faut pas cependant trop s'en écarter. On a souvent cru qu'à l'aide d'un frottement plus intense, vingt tonneaux de sel pouvaient suffire pour cent tonneaux de viande; mais cela n'a pas réussi. On ne peut donc en employer une quantité moindre que celle qui est indiquée ci-dessus, en comparant ensemble la force et la pureté relatives des sels.

Pour pouvoir faire cette comparaison avec exacti-tude, il serait nécessaire de connaître auparavant les principes constituans de chaque espèce de sel ; mais une telle analyse est du ressort de la chimie. On peut cependant d'un coup-d'œil distinguer la qualité du sel ; car plus il est transparent et blanc, plus il est pur et exempt des parties terreuses qu'on trouve souvent dans les sels de mer français et dans les sels gemmes. Le meilleur sel est d'un grain ferme, très-lourd, et se conserve sec par un temps humide. Le goût sert aussi à faire juger de la qualité du sel, quoiqu'elle soit difficile à déterminer.

Il faut que le sel soit pur et qu'il n'ait pas contracté un goût amer et désagréable par l'amalgame de corps hétérogènes. Si le sel, au contraire, a une âcreté qui puisse difficilement être distinguée de l'aigre et de l'amer, plus il a ce goût, et plus il est fort et pur. C'est cette qualité dans le sel qu'on aperçoit si bien sur la viande dans les huit premiers jours de sa salaison, parce qu'il en resserre et ferme bien tous les pores, fait sortir le sang, et est, en un mot, éminemment antiseptique.

On reconnaît aussi la nature du sel à la grandeur des cristaux, sur-tout ceux du sel marin. Les plus grands de cette sorte sont ordinairement les plus sapides. Néanmoins, du sel raffiné peut, quant à cette dernière qualité, varier d'après la manière dont il est cuit, en sorte que celui qui, par sa nature, est faible, peut, au moyen d'une longue et lente cuisson, en donner un qui soit en cristaux plus gros, sans être pour cela doué de plus d'énergie.

On ne doit pas cependant en conclure que le sel le

plus fort soit le meilleur pour la salaison. Les sels de la seconde force sont de même nécessaires, parce qu'ils hâtent la formation de la saumure : voilà la cause de la combinaison indiquée du sel anglais avec le sel portugais. Le sel anglais pénètre mieux par le frottement, en ce qu'il est plus léger, qu'il s'unit plus vîte aux sucs de la viande, et ne lui donne pas le temps d'être atteinte de la putréfaction à laquelle elle tend naturellement. Mais on ne se sert pas de ce sel seul, vu qu'il ne contient pas assez d'acide en comparaison de son alcali : on en prend une plus grande quantité pour le frottement que de celui de Portugal, parce qu'il contribue à dissoudre plus promptement ce dernier. On considère cette qualité du sel anglais comme très-importante pour la salaison : on regarde même comme impossible de saler la viande avec le gros sel d'Espagne, et l'on est persuadé qu'elle se putréfierait entre ce même sel, quoiqu'en employant la même main-d'œuvre et les mêmes procédés, par cela seul qu'il ne se résout pas assez vîte en saumure. Pour remédier à cet inconvénient, on a été quelquefois dans la nécessité de pulvériser le gros sel d'Espagne, quand on se trouvait contraint de s'en servir faute de sel du pays. L'expérience ayant appris qu'on n'a pas besoin d'une plus grande partie de sel anglais, en proportion de celui de Portugal, cela fait qu'on se sert plutôt du sel du pays que de celui de l'étranger.

On fabrique aussi en Angleterre une autre espèce

de sel avec de l'eau de mer, au moyen de la cuisson, et après qu'une partie en a été évaporée par le soleil d'été : on obtient ainsi un sel blanc, dont il se fabrique une grande quantité à Limington. Il n'est cependant pas regardé comme assez fort pour la salaison des viandes, quoiqu'il puisse être très-bon pour saler les poissons et pour l'usage domestique.

Le sel des sources salées n'est pas non plus assez fort ; mais, combiné avec celui de Portugal, il peut quelquefois remplacer le sel gemme.

Le nombre des ouvriers pour la salaison doit naturellement être fixé d'après la quantité de viande à saler. Ils travaillent ordinairement huit heures par jour ; dans cet espace de temps, comme on l'a déjà dit, quatre ouvriers salent *trente* bœufs du poids de quatre cent cinquante livres chaque ; si ce sont des vaches, *quarante*, et si ce sont des cochons, *cent*. Un ouvrier saleur gagne 18 deniers, et autant de viande qu'il en peut consommer pour sa nourriture.

La *salaison* se fait, dans les grandes villes, en présence du courtier, et, dans les petites, en présence du marchand ou de son préposé. Sans cesse à leur poste, tant que dure l'opération, ils veillent à ce qu'on sale bien, et à ce qu'on ne dérobe pas de la viande.

Les personnes qu'on emploie à saler sont des ouvriers ordinaires : on apprend facilement ce métier avec un peu d'exercice, pourvu qu'on ait un bon poignet.

Pour mieux faire la salaison, on se sert à Dublin de

forts gants de peau. Plusieurs milliers de tonneaux y sont ainsi salés annuellement.

A Belfast, les ouvriers ont la main droite munie d'une manique ferrée. Elle est composée de deux ou trois morceaux carrés de cuir à semelle, de la largeur de la main, et dépassant un peu l'extrémité des doigts. Ces morceaux de cuir sont posés l'un sur l'autre, et garnis extérieurement avec des têtes de clous assez longs pour qu'ils puissent traverser le cuir et être rivés de l'autre côté : ces clous sont posés fort serré. Une lanière de cuir, fixée derrière en forme de poignée, et sous laquelle l'ouvrier introduit sa main, lui sert à tenir solidement cet ustensile, qu'on appelle ordinairement *gant*, et qui, comme on voit, a l'apparence d'une brosse d'écurie.

Les *gants* à saler de Cork sont plus grands et plus forts qu'ailleurs, et ressemblent assez à un gant de laine sans doigts. Le cuir qu'on y emploie provient de vieilles semelles de bottes, afin qu'il s'imprègne moins de saumure.

Les ouvriers saleurs qui font usage de gants simples, reconnaissent que les gantelets qu'on emploie dans quelques villes sont d'un bon usage, mais ils objectent qu'ils n'ont pas l'habitude de s'en servir. Dans les lieux où les gants garnis de clous sont usités, on prétend que la viande ne saurait être bien frottée sans le secours de cet ustensile. Toujours demeure-t-il constant que cette opération ne peut convenablement se pratiquer à main nue.

A Liverpool, où l'on sale une grande quantité de viande pour la Virginie et la Pensylvanie, on se sert, au lieu de gants ferrés, de vieilles pantoufles de femme, avec le talon desquelles on frotte la viande. A Plymouth, on se sert de vieux gants d'homme. D'ailleurs il est naturel de penser que peu importe l'instrument dont on se serve, pourvu que la salaison soit bien faite ; nous allons donc revenir aux détails de ce travail.

Le premier des ouvriers frotte plus la viande que le dernier ; tous cependant la frottent plus ou moins. On est obligé de frotter plus long-temps et plus fort la viande de bœuf que celle de porc : ce qui tient moins à la grosseur relative des morceaux, qu'à la nature différente de la chair. Les ouvriers qui salent les bœufs, ne sont cependant pas payés plus cher que les autres ; mais ils font de petits profits sur la viande, qu'on supporte avec indulgence.

Quand la pièce de viande est parvenue au dernier ouvrier, qui est toujours le plus âgé et celui qui a plus long-temps fait le métier, il examine bien l'ouvrage des autres : s'il y trouve un défaut ou une veine qu'ils n'aient pas ouverte, il l'ouvre et y fait entrer le sel en frottant. Dans tous les cas, il frotte à son tour.

De ses mains, sans observer aucun ordre pour la grosseur des morceaux, la viande passe dans le tonneau de salaison: on y entasse, sans y ajouter d'autre sel, autant de viande qu'il est possible. Elle reste ainsi à découvert dans un endroit propre et aéré, au moins durant huit jours et pas plus de dix.

On ne se sert de *nitre* que quand on l'a expressément demandé. Le contrat pour les viandes destinées à la flotte, stipule qu'on emploiera environ deux onces de *nitre* pour chaque quintal de viande: on en saupoudre les pièces de salaison, en les transportant d'un tonneau à l'autre. On s'engage par le même contrat, et sous caution, à garantir que la viande se conservera six mois après son arrivée aux Indes.

La *langue de bœuf* est difficile à bien saler et à conserver, attendu qu'elle ne peut pas subir un frottement assez intense, mais seulement être imprégnée de sel. Il y a diverses manières de la couper, et sa conservation en dépend beaucoup. A Dublin, on ne retranche qu'une faible partie de la racine des langues, afin de leur laisser plus de volume en longueur; il y reste alors une grande quantité de vaisseaux sanguins; ce qui en rend la salaison difficultueuse et nuit par conséquent à leur conservation. On parvient cependant à donner à ces langues un apprêt convenable en les frottant autant que possible et à diverses reprises. A Cork, au contraire, on en retranche toute la racine, et alors elles sont bien plus faciles à conserver. Un peu de *nitre* convient à la préparation des langues: cette substance leur donne une plus belle couleur, et l'on croit même communément qu'il est indispensable de l'employer. On peut juger combien les langues diffèrent de grandeur, quoique les futailles soient égales, puisqu'il en entre dans un tonneau de Dublin trois fois autant que dans un tonneau de Cork. On les paie à la livre et le même prix que la viande.

Les autres parties de l'animal ne sont pas retenues par le marchand pour être salées. Nous traiterons de leur emploi dans un chapitre particulier. Passons maintenant à la manière d'encaisser la viande et à son embarillage définitif.

CHAPITRE VIII.

De la manière d'encaisser la Viande, de la presser, et de l'Embarillage définitif.

LORSQUE la viande est restée dans le tonneau le temps nécessaire pour que le sel pénètre et se résolve en saumure, on la retire pour l'embariller de nouveau. Les méthodes pour cette opération varient un peu ; mais on doit suivre la plus raisonnable.

Les uns retirent toute la viande du tonneau ; les autres n'en enlèvent que la moitié, parce qu'ils prétendent que celle de dessous a été suffisamment tassée par la moitié supérieure qui pesait sur elle, et qu'il est inutile de la déranger pour la disposer différemment.

Cette dernière manière séduit d'abord : mais en y réfléchissant, on préférera toujours la première. Il se peut que la viande soit très-bien tassée ; mais il ne s'agit pas seulement de la placer, il faut encore songer à la conserver.

On verra, par la suite, que la viande ne doit pas avoir d'autre saumure que celle que l'on verse dans le tonneau après qu'il est fermé : or, par la seconde manière d'embariller, une grande partie de la saumure primitive reste au fond du tonneau et prend la place que le sel doit y occuper. Cette circonstance n'est pas indifférente à faire remarquer. Ajoutez à cela que le sel répandu entre les morceaux de viande a perdu par la saumure une partie de sa force et de sa qualité ; qu'il est humide et ne peut guère être comparé à celui qui est sec et qu'on répand sur le fond du tonneau, après que toute la viande et la saumure en ont été retirées. Dans le premier placement, on n'a pas assez de temps pour choisir et ranger les morceaux ; car si l'on voulait y mettre le soin nécessaire, les ouvriers saleurs seraient obligés d'attendre après les embarilleurs. Ainsi cette pratique, quoique suivie par beaucoup de monde, n'est cependant pas probablement la meilleure ; et sans doute on doit préférer celle qui consiste à re-tirer toute la viande du tonneau pour l'y remettre en-suite dans un ordre plus régulier.

Quand on retire un morceau de viande du tonneau, il a moins de volume et de poids que quand on l'y a mis. Le sel n'en a pas augmenté la pesanteur ; il a au contraire contribué à la diminuer, puisque en pénétrant la viande, il en a fait sortir tout le fluide animal nécessaire à sa dissolution. Cette déperdition doit être compensée, puisque, comme je l'ai déjà dit, le tonneau doit avoir le poids prescrit. On compte que la viande d'un *barrel* ou tonneau perd quatorze livres par l'évaporation de ses sucs ; c'est ce qu'on met de plus que les deux *c. w.* ou quintaux qui sont de rigueur.

Quand on a versé dans un baquet toute la saumure qui reste dans le tonneau, on garnit le fond de celui-ci d'un lit de sel portugais de l'épaisseur d'un doigt ; puis on y place de nouveau la viande le mieux possible, en répandant du sel entre chaque couche.

Il y a quelquefois des Français qui, préférant leur sel gris, en donnent pour leurs salaisons en place du sel blanc portugais ; mais on ne le fait que rarement, parce qu'un Irlandais regarde avec dégoût la viande ainsi salée. La manière de frotter avec ce sel est la même qu'avec tout autre.

On fait quelque différence des morceaux qu'on place dans ce qu'on appelle un *tiers*, d'avec ceux qu'on met dans un *barrel* : *le morceau du cou, le jarret* et *le gros os* n'y entrent jamais ; on y admet seulement les pièces de choix : aussi le *tiers*, abstraction faite de son poids, qui est de trois quintaux, se paie toujours de 2 ou 3 shillings plus cher relativement qu'un *barrel.*

On observe avec rigueur l'ordre dans lequel la viande doit être mise dans le tonneau : les morceaux de qualité inférieure occupent le fond ; les médiocres viennent ensuite ; les meilleurs se trouvent en haut, et les flancs couvrent le tout. En un mot, l'embarillage a lieu dans l'ordre suivant :

1. The rib-crag, *le cou.*
2.   rump, *la croupe.*
3.   neck, *le derrière du collier.*
4.   hind-shank, *le jarret de derrière.*
5.   grizle, *le filet d'aloyau.*
6.   surloin, *l'aloyau.*
7.   fore-shanck, *le bas de l'épaule.*
8.   shoulder-piece, *l'épaule.*
9.   rib, *les côtes.*
10.   breast, *la poitrine.*
11.   nablepiece, *le flanchet.*
12.   flank, *les flancs.*

Quand la viande est placée dans cet ordre, et en laissant le moins possible d'interstices, on la presse avec un poids de cinquante livres ; enfin on la presse encore avec le même poids, lors de la clôture du tonneau, et cette dernière pression est toujours la plus essentielle. On ne doit cependant pas croire que cette opération demande beaucoup de temps : la viande ayant déjà été en saumure huit à dix jours, s'est retirée de beaucoup, et est devenue compacte par la force du sel et par son propre poids. On l'enfonce donc seulement pendant quelques minutes dans le tonneau, que l'on clot immédiatement après.

On fait ensuite un trou à l'un des fonds, et l'on

y souffle pour s'assurer que la futaille ne fuit point. S'il ne s'en dégage point d'air, elle est jugée en bon état et propre à bien tenir la saumure. On ferme le trou avec un bouchon de liége espagnol qui a passé au feu : ces bouchons se vendent 6 *pences* le *grocet*, ou les douze douzaines.

Si le tonneau perd de l'air, on cherche la fente, et on la remplit avec du jonc. Ceux qui ont de tels défauts sont marqués avec de la craie, pour qu'on les examine encore plus soigneusement au second soufflage.

A l'endroit où se met le bondon, on a ordinairement déjà fait un trou qui est bouché, et qu'on ouvre alors ; c'est par-là qu'on remplit de saumure le tonneau. On se sert par-tout en Irlande de celle qui provient des premières préparations, à moins qu'elle ne soit perdue ou gâtée, auquel cas on en fait de la nouvelle. A cet effet, on met du sel dans de l'eau de mer, si l'on est à portée de s'en procurer, ou, dans le cas contraire, on emploie de bonne eau fraîche. On essaie le degré de force de la saumure en y jetant un œuf frais, un morceau de viande ou de lard salé, ou même un hareng salé, qui doivent surnager, pour qu'elle soit jugée assez forte.

Si la saumure manque, ce qui arrive cependant rarement, c'est une preuve certaine que les opérations de la salaison ont été mal faites ; car on voit par-là, ou que la viande n'est pas assez salée, ou qu'elle l'est avec du sel trop gros ou trop fort , ou qu'elle n'est pas restée assez long-temps en saumure avant d'être embarillée définitivement. Si quelqu'un de ces acci‑dens arrive , on est sûr que la viande n'a pas été bien encaissée , ce qui fait que le tonneau prend alors beaucoup plus de saumure.

Mais combien de saumure chaque tonneau doit‑il recevoir ! Autant qu'il en peut contenir , quand la viande est bien embarillée ; quantité qui alors n'est pas tellement grande , qu'elle ne puisse conserver, pendant un an et demi après la salaison , la même force qu'elle avait au moment de l'entonnage. On estime que le tonneau reste fermé une année , et ouvert cinq à six mois pour la consommation.

Pour bien comprendre tout cela , il faut remarquer que la saumure perd toujours de sa force , si elle n'est pas entretenue par le sel qui fait sa nourriture. Il suit de là que les hypothèses suivantes, qui d'abord pourraient paraître mal fondées , sont justes par leur liaison.

» Un tonneau de viande peut avoir trop de saumure ;
» une moindre quantité de saumure convient le mieux ;
» moins la viande prend de saumure , mieux elle se
» conserve , &c. »

Par conséquent, un tonneau doit avoir autant de saumure qu'il en peut contenir, pourvu qu'en même temps il soit bien encaissé : toute autre manière sera défectueuse.

C'est d'après ces principes qu'un négociant qui avait beaucoup d'expérience pour la salaison, me disait : « Je » voudrais toujours qu'il n'entrât qu'une très - petite » quantité de saumure dans le tonneau après l'emba- » rillage ; car alors je suis sûr que la salaison est bien » faite, que la viande a du sel suffisamment, et » qu'elle est si bien pressée, qu'elle se conservera plus » d'une année dans le climat le plus chaud. » Je notai ses paroles, et j'observai, par la suite, que les saleurs les plus expérimentés pensaient de même.

Pour savoir la quantité de saumure qu'il faut em- ployer en France (1) pour la salaison, il suffirait de connaître les rapports des mesures et des poids qui y sont en usage, relativement à ceux sur lesquels on a établi les calculs qui précèdent. Comme la quantité de ce condiment varie suivant la capacité des tonneaux, il serait très-utile d'établir cette proportion.

On fait cuire la saumure à Liverpool, en divers lieux de la Hollande, et à Flensbourg en Danemarck. Il serait trop embarrassant de le faire en Irlande, où la longueur de la cuisson entraînerait des retards rui- neux, sans parler de la dépense du bois. On y exporte quelquefois d'une seule ville plus de cent mille tonneaux de viande ; on a même l'exemple qu'une seule maison de commerce de Cork en a exporté de soixante-dix à quatre-vingt mille.

---

(1) Dans Martfeld, il y a en *Danemarck.*

Je ne m'arrêterai pas à la manière de saler à Liverpool ; je ferai seulement remarquer qu'on y consomme le sel gemme raffiné du pays, et que c'est vraisemblablement la cause pour laquelle on y fait la saumure aussi forte qu'il est possible, afin de compenser, par ce moyen, ce qu'on ne pourrait obtenir par la salaison.

Je ne doute pas qu'on ne connaisse en France (1) la manière de bien cuire la saumure ; cependant il ne me paraît pas inutile d'en décrire le procédé, tant pour rendre mon ouvrage plus complet, que pour être utile à ceux qui pourraient l'ignorer.

La saumure qui provient de l'embarillage provisoire de la viande, est mise dans un grand chaudron de cuivre. Comme elle contient une grande partie de sang, l'ébullition le fait remonter à la surface avec les autres écumes, que l'on enlève soigneusement à l'aide d'une grande cuiller de fer. On augmente la saumure, qui diminue par cette cuisson, avec de l'eau (on préfère l'eau salée au sel même), et l'on continue jusqu'à ce qu'elle soit bien transparente. On la laisse ensuite refroidir pour s'en servir au besoin : on y ajoute du sel, si elle n'est pas jugée assez forte.

On reconnaît le degré de force de la saumure en en prenant dans une écuelle de bois : elle est bonne et assez forte quand l'écume s'élève par le moindre refroidissement de l'haleine ou de l'air, et se cristallise.

____

(1) Dans Martfeld, en *Danemarck*.

Si l'on est obligé d'augmenter la dose du sel pour la porter au point convenable, il faut cependant prendre garde qu'elle ne soit pas trop salée, parce qu'elle pourrait rendre la viande dure.

J'ai voulu goûter par curiosité, à Liverpool, de la viande ainsi salée, et qui était revenue de la Virginie après y avoir passé cinq semaines de la saison la plus chaude. Malgré la longueur du voyage, elle avait conservé un goût excellent, et se trouvait dans le meilleur état. Aucune moisissure ne paraissait ni sur la viande, ni sur le tonneau, quoiqu'il eût été abandonné pendant quelque temps dans un grenier. La viande seulement était un peu dure, à cause de la forte salaison et du temps qu'elle avait passé dans le sel en faisant un si long trajet sur mer. Peut-être aussi ce défaut venait-il de ce qu'à la cuisson la saumure avait été faite trop salée.

Je reviens au tonneau de viande irlandais. Après y avoir introduit autant de saumure qu'il en peut contenir, on le retourne sur ses deux fonds; puis on y verse encore de la saumure, s'il peut en recevoir davantage. Enfin, on le bondonne, et l'on y met la marque du courtier, si elle n'y est pas déjà.

On laisse ainsi le tonneau une quinzaine de jours, si l'on n'est pas pressé de l'expédier. Après ce temps, on l'examine encore; et l'on y met de la saumure, s'il en a besoin. Enfin, on souffle dedans encore une fois pour s'assurer que l'air n'y a aucune issue; et s'il a quelque vice de construction, ce qui arrive très-rarement, on y remédie avec soin.

Ceux qui veulent augmenter le nombre des cercles, comme on l'a dit plus haut, le font avant le dernier soufflement ; et les tonneaux sont alors assez bien conditionnés pour qu'on n'ait pas même besoin de se munir de saumure pour le coulage dans les voyages du plus long cours.

Lorsqu'une demande pressée oblige de saler dans le mois d'août, époque à laquelle la chaleur est encore forte, on trempe la viande dans la saumure avant la salaison, pour tuer les insectes qui pourraient se trouver dessus.

Quant aux langues, on les place toujours dans un tonneau particulier ; on les en retire, on les presse et on les embarille comme la viande. Peut-être ne serait-il pas inutile d'essayer l'emploi de la saumure cuite pour leur salaison, quoiqu'on ne le fasse pas en Irlande ; car on ne saurait nier qu'elle n'acquière par-là un degré d'intensité bien supérieur. Il est vrai qu'on peut craindre qu'elle n'ôte aux langues quelque chose de leur saveur délicate. Un essai à ce sujet peut seul décider de la bonté de cette observation. On s'est souvent servi du sel qui se trouve au fond de la chaudière, comme devant être plus fort que l'autre. On marque d'une manière particulière les tonneaux qui les contiennent, pour les distinguer des autres, et faire connaître qu'ils sont d'un poids différent ; car la loi punit le *faux poids* et la *fausse mesure* de la même peine que l'infraction relative à l'âge du bétail ; c'est-à-dire que la viande est confisquée, moitié au profit du roi et moitié au profit du dénonciateur. Le coupable est soumis à des peines corporelles, s'il ne se conforme pas au jugement.

Cette contravention a rarement lieu ; il y en eut cependant un exemple à mon arrivée en Irlande, en 1770. Dans ce cas, pour constater le poids de la viande, on procède ainsi : on l'ôte du tonneau, on la débarrasse du sel et on la pèse ; la punition est encourue, s'il se trouve à la pesée un déficit de plus de quatorze livres. On paie pour ce travail le même prix que pour la salaison ; les mêmes ouvriers y sont employés ; et quand ils ont fini, on leur donne une gratification.

Le coût de la salaison, depuis son commencement jusqu'à ce que la viande soit embarillée, n'est payé par le négociant au courtier que lorsque tout est terminé. Le prix varie en proportion de celui du sel : ce prix est convenu d'avance par tonneau, et l'on y comprend ordinairement celui de la futaille. Si le négociant fournit ou paie à part le bois et le sel, alors le courtier ou le tonnelier n'a que 10 deniers pour sa main-d'œuvre par chaque tonneau.

En Irlande, en 1770, le prix d'un *hogshead* de sel de Lisbonne était de 18 shill. sterling, et de 14 shill. pour ceux de Liverpool et d'Irlande.

Quand j'allai en Irlande, il n'y avait eu, pendant le cours de vingt années, qu'un seul exemple qu'un courtier eût été convaincu de fraude ; il n'avait cependant subi qu'une peine légère : mais il se tint ensuite bien sur ses gardes, car la récidive pouvait lui faire perdre son honneur, sa place, &c.

Quoiqu'on sache très-bien saler en Irlande, il peut cependant arriver que, faute d'attention, la viande vienne à se gâter avant ou après la salaison. On remédie à cet accident en la mettant à l'air pendant cinq ou six jours, sur-tout s'il pleut ; on la retourne tous les jours, on fait cuire de la saumure aussi forte qu'il est possible, et on la verse dessus. Des viandes atteintes d'un commencement de corruption , traitées de la sorte, ne conservent presque jamais un mauvais goût.

Après avoir décrit tout ce qui est nécessaire pour la salaison, il ne sera pas inutile d'en tirer quelques conséquences générales sur tout ce qui peut tendre à la parfaite réussite , et nous en présentons ici le résumé.

1.° Le bœuf doit, dans les derniers six mois, être bien engraissé sur un bon pâturage, être âgé de plus de cinq ans et n'en pas avoir plus de sept.

2.° S'il a été amené de loin pour être tué, il faut le laisser reposer au moins deux ou trois jours, pendant lesquels on ne lui donnera que de l'eau, pour qu'il soit tué plus frais.

3.° Il doit être abattu proprement, bien saigné, et le sang bien nettoyé.

4.° Il doit être dépecé le plus proprement possible,

et seulement un jour après avoir été tué : aucun morceau saigneux ne doit être livré au saleur.

5.° On extrait parfaitement la moelle des os avant la salaison.

6.° Le sel doit être le plus pur, le plus fin et le plus pesant qu'on puisse trouver. Le sel marin produit par le feu ne vaut rien, parce qu'il est sablonneux et malpropre. Il doit être cristallisé au soleil. Il est difficile, s'il est trop gros, de s'en servir sans le broyer, et impossible d'en faire usage, s'il est gris et sale comme le sel français, parce qu'il ôte à la viande sa belle couleur. Le sel gemme ne sert qu'en partie.

7.° Le meilleur pour la salaison est le petit sel portugais.

8.° La proportion du sel avec la viande doit être comme 22 à 100. Si l'on emploie seul le sel portugais, on ne compte qu'un baril de sel de cinq quintaux pour sept tonneaux et demi de viande de deux quintaux chaque; de cette manière, le sel, à raison de sa force, est, proportionnellement à la viande, comme 2 à 7 1/2. Dans quelques endroits, où l'on stipule d'après le poids seul de la viande, on compte cent liv. de sel pour six cents livres de viande, afin qu'il reste de la saumure plutôt que d'en manquer.

9.° Le sel pénètre à force de frotter, et les morceaux de viande passent par diverses mains, pour qu'il ne reste de sang dans aucune veine.

10.° La viande est d'abord placée sans ordre dans

le tonneau, et y reste pendant huit à dix jours pour que le sel et la saumure la pénètrent bien : peut-être ne ferait-on pas mal, dans d'autres pays, de l'y laisser quelques jours de plus.

11.° On retire la viande du tonneau, on l'y replace avec ordre, et l'on répand du sel portugais entre chaque couche.

12.° On presse alors la viande de manière qu'un tonneau de trente gallons en contienne deux quintaux.

13.° Le tonneau doit être fait de bois de chêne ou de frêne, ou d'autres bois secs et assez forts pour tenir la saumure : le fond doit être bien soigné, et le tonneau entouré de douze forts cercles, liés avec de l'osier ou des scions de saule, et bien enfoncés.

14.° On souffle dans le tonneau après y avoir mis la viande et l'avoir bien fermé; on y verse autant de saumure qu'il y en peut tenir, et on le laisse dans cet état.

15.° Après un intervalle de quinze jours, on le remplit encore de saumure, et on y souffle de nouveau pour s'assurer qu'il n'y a point de gerçures.

16.° Au moment de l'exportation, on y met pour la dernière fois de la saumure s'il en est besoin, on s'assure qu'il ne fuit point, on le bondonne bien, et on l'expédie.

Toutes ces attentions sont importantes pour bien conserver les viandes, et il serait dangereux d'omettre même celles qui le paraissent le moins.

4

En Irlande on ne donne aucune prime pour l'exportation des viandes salées et du lard : néanmoins cette branche d'industrie est la plus ancienne et la seule qui, avec la fabrication des toiles, se soit soutenue jusqu'à ce jour dans le nord de cette contrée avec un succès non interrompu. On préfère naturellement en Irlande l'encouragement de l'agriculture à celui des salaisons ; en Angleterre, au contraire, on donne une prime d'un shill. 6 deniers par chaque tonneau qu'on exporte. L'acte porte en même temps que la viande ou le lard doit être salé avec du sel étranger.

On donnait autrefois une prime de 5 shillings par tonneau ; mais on a trouvé ce prix trop élevé, en ce qu'il encourageait la culture des prairies au détriment de celle du blé, que réclamait l'intérêt des manufactures et de l'État.

Nous allons maintenant faire connaître le parti qu'on tire des diverses portions du bœuf qui n'entrent pas dans les tonneaux de salaison.

CHAPITRE IX.

Des Issues du Bœuf.

CE chapitre est susceptible de fixer doublement l'attention, quoique rien de ce que contiennent les précédens ne doive être négligé.

§. 1.er *Le sang.* On l'emploie pour les raffineries de sucre, quoique cela soit défendu ici comme dans d'autres pays ; il est même des lieux où on le porte publiquement à ces fabriques. Le sang de chaque bête se paie un denier et demi. L'usage de faire un potage avec le sang est inconnu en Irlande.

§. II. *La peau.* Elle est la partie la plus importante après la viande, et c'est pour cela que les législateurs s'en sont occupés d'une manière expresse. Nous avons déjà fait remarquer que celui qui gâte une peau par des coupures ou des déchirures, est puni d'une amende de 10 shillings pour une peau de bœuf ou de vache, et de 2 shillings 6 deniers pour une peau de veau. Celui qui chercherait à vendre une peau défectueuse et dé-gradée, encourrait la même punition, et une bien plus grave en cas de récidive.

Pour que l'ordre soit maintenu, et pour la sûreté des acheteurs, il y a dans chaque ville un *marché* où il est ordonné de vendre les peaux en vert; c'est en même temps le lieu où on les sale et les pèse. Le bâtiment destiné à cet usage n'est cependant pas public; il appartient au *peseur.* La loi prescrit qu'il soit convenablement bâti et proprement tenu.

Pour pouvoir être reçu *peseur de peaux*, il faut fournir le même cautionnement que les peseurs de viande et de graisse : il ne peut être au-dessous de vingt ni au-dessus de cent livres sterling. Le *peseur* est tenu de faire le même serment et est soumis à la même peine que les peseurs de viande.

On sale les peaux aussitôt qu'elles sont arrivées chez

le *peseur.* Celui-ci les reçoit presque toujours dans un état de malpropreté tel, qu'il a peine à reconnaître de quelle couleur elles sont. Comme ces peaux se vendent au poids, on les traîne, pendant le trajet, dans les endroits les plus sales des rues, ce qui ne manque pas de les rendre plus pesantes.

Le peseur a ses saleurs, qu'il paie à la journée; il préside à leur travail, pour veiller à ce qu'il se fasse avec la plus grande régularité.

La loi ordonne que chaque côté intérieur de la peau soit mis l'un contre l'autre, sous peine de 10 shillings d'amende pour celles qui seraient pliées autrement.

Le sel anglais est celui dont on se sert le plus souvent; on emploie cependant quelquefois celui de Portugal. On en consomme ordinairement de douze à quatorze livres par peau; quantité qui varie néanmoins selon la grandeur de chacune. On s'est quelquefois servi du sel d'Espagne; mais à Cologne, et dans d'autres endroits de l'Allemagne, on se sert du sel portugais ou anglais, parce que celui d'Espagne laisse sur les peaux une couche glutineuse qui doit être encore bien plus sensible sur la viande. On ne peut déterminer le temps nécessaire pour qu'elles soient bien salées, puisqu'elles restent ainsi jusqu'à ce qu'on les envoie. Cependant s'il s'écoule un trop long intervalle de temps, il faut les saler de nouveau, sur-tout si elles doivent sortir du pays. Quoi qu'il en soit, il paraît convenable que le tanneur puisse les employer le plus promptement possible.

On lie les peaux poil contre poil avec de la ficelle, en observant que les cornes sortent à l'extérieur, ce qui pare la marchandise.

Chaque peau doit être vendue à juste poids, sous peine de 10 shillings d'amende pour chaque contravention. Le *peseur* est présent pour constater ce poids et le porter sur un registre dans lequel il inscrit le nom de l'acheteur et du vendeur, ainsi que le jour du pesage, en spécifiant le nombre de peaux que chaque paquet contient.

Le peseur doit accorder à l'acheteur quatre livres de tare, et même plus, s'il le croit juste, pour compenser les défauts et saletés qui peuvent se trouver sur les peaux. Cette tare doit être indiquée sur le bordereau, si l'on en demande un, sous peine d'une amende de 10 shillings. Le peseur peut faire laver les peaux. Si le vendeur ou l'acheteur n'y consent pas, et que le peseur ait raison, l'opposant est obligé de payer 3 deniers pour le nettoyage de chaque peau. Le lord-maire doit, dans tous les cas, en avoir connaissance.

A Dublin et à Cork, les peseurs ont un shilling par peau; dans les autres villes, ils n'ont que la moitié. Cette rétribution est au compte du vendeur : faute de paiement, le peseur a le droit d'arrêter les peaux.

Si d'autres personnes vendent des peaux salées, le peseur doit toujours les peser. Dans le cas contraire, elles encourent une amende de 10 shillings par chaque peau.

Le poids moyen d'une peau ne peut jamais être indiqué exactement, mais le compte s'en fait communément ainsi : la peau d'une vache de trois quintaux et demi pèse de soixante à soixante-dix livres ; celle d'un bœuf de quatre quintaux et demi est du poids de quatre-vingt à quatre-vingt-dix livres. Si c'est une vache qui pèse quatre cent cinquante livres, alors son cuir est de cent à cent douze livres, parce que l'animal est plus âgé. La peau d'un bœuf de cinq cent cinquante livres pèse de cent douze à cent vingt.

Le prix des peaux varie d'après la grosseur et l'âge de l'animal. La peau de bœuf, pesant cent livres, se vendait à Dublin, en 1770, de 22 à 26 shillings ; celle d'une vache, de 20 à 23 shill. ; et celle d'un taureau, de 17 à 18 shillings. Elles sont moins chères à Cork.

Ni le peseur, ni les personnes qui lui appartiennent, ne peuvent marchander ni acheter une peau, avant qu'elle ait été pesée à la maison d'un peseur, afin qu'ils ne puissent pas faire un gain illégitime. La peine consiste dans la confiscation de la marchandise, et la loi est très-sévère envers ceux qui ne l'observent pas.

Le commerce des cuirs a été long-temps une mine d'or pour l'Angleterre. L'Irlande desire ardemment qu'il en soit de même pour elle ; mais la politique anglaise s'y oppose, en lui défendant d'exporter les siens.

L'usage de consacrer un plus long espace de temps en Angleterre qu'en Irlande à engraisser les bestiaux, influe sur la qualité de la peau du bœuf, comme sur celle du veau : ainsi l'Irlande ne rivalisera pas de sitôt avec l'Angleterre pour ce commerce. Elle cherche cependant, par des lois sages, à donner du crédit à ses cuirs, pour le commerce intérieur, et à ses peaux salées, pour l'extérieur.

Ces peaux salées sont vendues pour l'Angleterre et Roterdam. Nantes les paie plus cher que les autres villes de France. Altona, qui a des tanneries qui approchent beaucoup de celles d'Angleterre, en consomme aussi. L'Irlande elle-même en tanne une grande partie; mais ses bois ayant beaucoup souffert, elle tire annuellement du pays de Galles et de la Hollande, pour plus de 3,000 livres sterling d'écorce de chêne.

L'Irlande s'occupe encore journellement d'améliorer ses lois tant sur les peaux que sur la salaison, quoiqu'on y travaille déjà depuis deux cents ans.

Un acte du parlement, du 1.er septembre 1764, cherche à prévenir toute fraude dans le tannage des peaux, la fabrication des cuirs, ainsi que dans celle des souliers et des bottes, et ordonne « que chaque » peau de vache, de bœuf ou de taureau soit enlevée » proprement et sans entailles ; que les oreilles soient » coupées à la racine, ainsi que la queue; que le nez » et les lèvres soient également taillés avant de com-

» mencer la préparation du cuir ; que tous les tanneurs
» soient tenus de timbrer la partie du cou de la lettre
» initiale de leur prénom, de leur nom de famille en
» toutes lettres, ainsi que de celui de la ville dans la-
» quelle ou près de laquelle ils résident ; qu'ils se
» servent, pour l'apprêtage du cuir, d'huile et de
» graisse de bonne qualité ; que les peaux soient en-
» levées entières de dessus l'animal, sauf ensuite,
» avant de les livrer aux marchands, à en retrancher
» soigneusement toute la partie qui environne les yeux
» et l'extrémité des cuisses ; que les peaux des veaux
» âgés d'un an doivent être soignées et marquées de la
» même manière. » L'exécution rigoureuse de ces diverses dispositions a été recommandée par plusieurs
actes subséquens, et celui qui s'en écarte est soumis à
une amende.

§. III. Les tanneurs vendent *les cornes* aux tourneurs, aux fabricans de peignes et autres. Le prix
en est établi d'après leur grandeur et le parti qu'on
peut en tirer. On vend de 16 à 18 sous sterling le cent
celles des vaches, et de 30 à 32 sous sterling celles
des bœufs. Les cornes qui proviennent du côté droit
de l'animal étant regardées comme d'une qualité supérieure, sont de 42 à 43 sous sterling le cent.

Les esclaves de Guinée en font des vases à boire.
Elles servent à former des fournimens de chasse. A
Dublin, les fabricans de peignes, qui y sont nombreux,
en consomment beaucoup. J'ai vu un jour avec éton-

nement que la petite ville de Drontheim, en Norwége, fit un seul paiement de 180 livres sterling pour des peignes.

§. IV. Les *poils* sont courts ou longs : les premiers servent à rembourrer les siéges, les selles, et pour des tapis qu'on fabrique en grande quantité dans la ville de Lubeck ; les derniers sont pour divers ouvrages du même genre. Les longs coûtent 9 deniers le tonneau, et les courts 6 deniers.

§. V. La *tête* est donnée aux pauvres.

§. VI. Les *pieds*. Quoiqu'ils soient la partie de l'animal la moins précieuse en apparence, ils ne laissent cependant pas d'occuper six fabriques, et de contribuer au travail de six autres.

On en fait premièrement de l'huile, dont on se sert de préférence pour l'apprêt du cuir ; elle est bonne et transparente, et coûte 2 shillings 6 pences chaque *gallon ;* on l'appelle *neat's-foot-oil* [huile de pied de bœuf]. Les fibres tendineuses sont converties en colle forte, et de la substance que renferme l'extrémité du pied, on fabrique une autre espèce de colle, qu'on emploie, je crois, pour certains tissages. Outre ces deux espèces de produits, on en retire encore trois qui ne sont pas sans importance. 1.° La corne du sabot est vendue aux tabletiers de l'Angleterre, à raison de 3 shill. 4 pences le mille. 2.° L'os principal de la jambe, qui valait autrefois 21 shillings le mille, est acheté au prix de 13 shillings par les tourneurs de la Hollande ; il s'en fait quelques faibles envois en Norwége, où, à ce que croient les Irlandais, on les emploie à la confection des patins. 3.° On recueille les petits os, on les blanchit, on les calcine, on les réduit en une poudre fine et blanche, que l'on débite en Hollande au prix de 3 shillings le *bushel,* et qui est employée à divers usages dans les manufactures de glaces et autres.

Il y a à Dublin une fabrique beaucoup plus considérable dans cette partie qu'aucune autre de l'Irlande, et qu'on croit posséder seule le secret de bien pulvériser les os. Quant à moi, je pense que ce secret se réduit à les faire calciner dans un four, à les pulvériser sous une meule, et à passer au tamis la poudre qui en provient.

§. VII. *Le Suif.* On en trouve dans l'animal en proportion de sa grosseur et de son embonpoint. On compte ordinairement que chaque bête du poids de trois cent cinquante livres en a cinq *stones* (chaque stone de suif est évalué à quinze liv.) ; qu'un du poids de quatre cent cinquante livres en a sept *stones ;* et que celui qui pèse cinq cent cinquante livres en a de huit à neuf *stones ,* et souvent plus que moins. A Dublin, le tonneau de suif contient deux cents livres, et, en 1770, il coûtait 34 shillings sterling le quintal. On le donnait à un peu plus bas prix à Cork.

Quant aux tonneaux qu'on emploie pour le suif, ils sont de la même grandeur et soumis à la même loi que ceux pour le beurre. Comme les lois sont les mêmes pour ces deux substances, il est inutile de nous y arrêter ici, puisqu'elles seront rapportées dans le chapitre suivant.

La tare du tonneau de suif est marquée dessus par le peseur, qui y joint son nom et celui de son domicile, comme cela est ordonné pour le beurre, et l'acheteur le prend sous la même condition. Les douaniers qui favoriseraient l'exportation de ces tonneaux sans qu'ils fussent marqués, seraient punis d'une amende de 20 shillings par tonneau. Elle n'est que de moitié pour le beurre.

Il existe une particularité qui me semble digne d'être remarquée. A l'île d'Innisfallen et à Long-Lane, dans le comté de Kerry, si connu pour ses vues pittoresques, l'herbe est si douce et engraisse si bien et si promptement les bestiaux, que leur graisse devient comme une espèce de moelle : la viande paraît, pour ainsi dire, en être comme marbrée. Cette graisse étant trop molle pour qu'on puisse en faire de la chandelle, on la consomme dans les fabriques de savon, dont l'Irlande renferme un grand nombre.

On y compte aussi beaucoup de fonderies de chandelles, et elles seraient encore plus multipliées, si l'exportation de leurs produits n'était pas défendue.

Je crois devoir donner quelques détails sur cette dernière fabrication, qui m'a paru y être plus perfectionnée qu'elle ne l'est généralement dans d'autres pays.

On fond la chandelle dans des moules de plomb semblables à ceux de verre : cette manière est expéditive, exige peu d'emplacement, et procure d'aussi belles chandelles. L'appareil n'est pas considérable : il consiste seulement en une table d'une longueur et d'une largeur indéterminées, à bords relevés, et percée des trous nécessaires pour recevoir les moules destinés à cette opération. Le suif peut être fondu dans une autre pièce.

On a soin de bien emballer dans des caisses faites en planches minces de bois de hêtre, les chandelles qu'on envoie aux Indes, et l'on place du papier entre chaque couche. Les caisses ne sont pas d'une forte capacité pour éviter que les chandelles ne se détériorent par leur propre poids.

§. VIII. Quant à la *moelle*, nous en avons suffisamment parlé à l'article de la salaison.

§. IX. Les *tripes* sont en grande partie consommées dans le pays : on en exporte cependant de salées pour les Indes. Le boucher en fait lui-même le commerce. Leur prix était de 16 shillings le quintal. La salaison en est la même que celle de la viande.

§. X. On sale le *cœur* avec ses accessoires, et l'on en envoie quelquefois pour les Indes. On observe de faire dans le milieu une incision sans le séparer, et de le bien frotter avec du sel. On le laisse ainsi pendant six à huit jours dans des tonneaux non marqués, pour plus grande économie, et on l'expédie. Le prix, quand il est salé, est de 5, 6 ou 7 shillings sterling la douzaine.

§. XI. Les *rognons* sont ordinairement vendus aussitôt que l'animal est tué. On en a vingt pour 20 à 24 *pences*. Si le débit n'est pas assez prompt, on les conserve dans du sel pour les vendre au menu peuple.

§. XII. Le *foie* n'est mangé que par les pauvres, et sert souvent pour la nourriture des chiens : c'est le profit du garçon boucher, qui le vend 2 shillings la pièce, et, dans quelques saisons, seulement 3 ou 4 *pences*. Dans la guerre d'Espagne, on en acheta pour l'approvisionnement de la marine.

§. XIII. Le *fiel* sert pour la teinture, pour nettoyer les habits et pour certains blanchissages. On le vend de 6 à 8 shillings sterling le *gallon*.

§. XIV. La *vessie* est vendue pour la Hollande et particulièrement pour l'Écosse, où on la destine à contenir le tabac. Le prix est d'un shilling sterling la douzaine.

§. XV. Les *boyaux*. On envoie à Livourne ceux qui peuvent servir pour des boudins ou des saucissons. On les paie cher dans cette contrée, vu la grande consommation qu'on y en fait pour les diverses sortes de saucissons, les boyaux de cochons ne pouvant pas servir à cet usage. Un Français fit autrefois ce commerce à Belfast ; mais depuis 1770 il est fait par une seule maison de Dublin. J'ai visité le lieu où on prépare ces boyaux. Après les avoir bien nettoyés et retournés, on les sale, et on les laisse ainsi quelques jours ; puis on les met dans la saumure. On les retire encore pour déterger la matière gluante qui y adhère, et on les dépose de nouveau dans de la saumure ou du sel. Si l'occasion de les vendre se présente, on les met en pelottes de douze à quatorze livres chaque, on les place ainsi dans de vieux tonneaux à beurre, on y verse de la saumure, et on les envoie.

La préparation du beurre est si intimement liée avec les détails qu'on vient de donner sur les bestiaux et la salaison, qu'elle mérite bien un chapitre particulier.

CHAPITRE X.

Du Beurre.

Pour être plus clair sur un sujet aussi important, il est nécessaire de considérer le beurre sous trois rapports différens, savoir, sa nature, la manière de le saler, et le tonneau dans lequel on l'exporte.

Le beurre est la graisse du lait. Les animaux qui donnent du lait peuvent par conséquent procurer du beurre. Or, ce n'est pas de l'Irlande qu'on en tire la plus grande quantité, puisqu'on y laisse aux vaches le lait pour nourrir leurs veaux.

Il est naturel que le beurre tienne beaucoup de la nature du lait, puisqu'il en est, comme on vient de le dire, la partie grasse. La qualité du lait dépend de la nourriture des bestiaux, qui consiste principalement dans les herbes et les plantes : c'est donc à la salubrité et à la succulence des végétaux qui leur ont servi d'a- limens, que le beurre doit cette saveur onctueuse, cette compacité, cette pureté enfin, qui le rendent propre à être exporté, même pour les climats chauds, après avoir été soumis à l'apprêt de la salaison. Le beurre d'Irlande a les mêmes qualités que celui du Holstein, qui jouit d'une réputation méritée.

En Irlande cependant on regarde moins qu'en An- gleterre et en Hollande à la bonté des pâturages. On juge, d'après sa qualité, à quel usage le lait peut être employé. On sait d'ailleurs, par expérience, que celui qui produit le fromage le plus gras, fournit le beurre le moins convenable pour l'exportation: on sale donc le beurre en proportion de sa qualité.

Quant à la *salaison*, elle doit suivre immédiatement la confection du beurre, et ne saurait être faite trop proprement. Dans l'endroit où cette opération a lieu, on évite la fumée du tabac et toute autre mauvaise odeur. On pétrit le beurre avec les mains, mais le moins possible, pour ne pas lui communiquer la chaleur du corps, qui l'amollirait trop.

On calcule la quantité de sel qu'il peut supporter, eu égard à son onctuosité. Il peut aisément recevoir du sel en excès; mais comme ce condiment est moins cher que le beurre, la loi prescrit de n'en point employer au - delà de la quantité dont celui-ci peut se saturer durant le temps qu'on met à la pétrir. Celui qui excède cette proportion, est puni d'une amende de 10 shill. par chaque quintal.

On ne fait usage que du sel gemme raffiné de Liverpool; la loi défend expressément d'en employer d'autre: elle interdit aussi tout mélange de beurre frais avec du vieux. L'amende, dans ces deux cas, est la même que pour la transgression des règles de la salaison.

Faute de sel anglais, on peut se servir de celui de Portugal; il faut seulement le piler, s'il est trop gros. Du reste, il n'y a aucune autre observation à faire sur la manière de faire le beurre ni sur celle de le saler.

Quant aux futailles destinées à le contenir, il existe plusieurs règles prescrites par la loi.

Elles doivent être faites avec du merrain de Philadelphie, de New-York ou de la Virginie, qui soit sec, sain, et provenant d'une coupe faite en temps opportun.

La loi autorise cependant à employer, outre le bois de chêne, le hêtre, le frêne, le bouleau et le saule; mais elle prohibe l'usage du bois carbonisé, qu'on trouve en grande quantité dans les marais de l'Irlande. Il paraît qu'on préférerait le frêne à tout autre bois, si l'on en avait abondamment.

Le poids du tonneau, celui de sa moitié et de son quart sont strictement déterminés. Chaque futaille doit être reliée de douze cerceaux placés de trois en trois à égale distance; les fonds doivent être bien emboîtés.

La négligence de quelqu'une de ces précautions est réprimée par des amendes applicables par moitié au Gouvernement et au dénonciateur.

Le tonnelier est tenu de marquer chaque tonneau, de quelque espèce qu'il soit, de la première lettre de son prénom et de son nom propre en entier. Tout paysan est tenu de se servir du même bois ; dans le cas contraire, il est puni.

Le quart de tonneau doit contenir cinquante livres de beurre, le demi-tonneau cent livres, &c.

Le beurre pouvant difficilement se conserver dans des vaisseaux trop grands, et les petits occasionnant une trop forte consommation de bois, la loi a déterminé qu'aucun tonneau ne pourrait contenir plus de trois cents livres, ni moins de cinquante. On punit quiconque en aurait qui n'eussent pas été marqués par le *peseur*, qui reçoit à cet effet un salaire dont la quotité est fixée. Il entre aussi dans ses attributions d'examiner la qualité du beurre avant qu'on l'exporte ; et s'il constate que ce beurre est trop salé ou trop vieux, la confiscation en est prononcée.

Le vendeur et l'acheteur sont punis également, si on leur trouve des tonneaux non marqués. Chacun, suivant l'opinion anglaise, est intéressé à soutenir les mesures que la loi prescrit : dès-lors il est difficile que le beurre puisse être exporté sans subir un examen rigoureux. Un douanier perdrait sa place, s'il était convaincu d'avoir facilité une contravention.

Le juré peseur est autorisé à visiter, à toute heure du jour, la maison d'une personne soupçonnée d'avoir contrefait sa marque.

En Irlande, on pense, avec raison, depuis deux cents ans, que ni l'économie rurale ni le commerce ne pourraient fleurir, et encore moins inspirer la confiance, sans des lois très-sévères, rigoureusement exécutées, et garanties par l'intérêt général, qui est leur auxiliaire le plus puissant.

L'étendue du commerce qu'on peut faire avec le beurre, dépend de la bonté de cette denrée et des soins qu'on apporte à la manipulation. Cork a la préférence sur toutes les autres villes. Limerick en vend peu, parce qu'on y néglige trop ces soins importans, d'où dépend en partie sa bonne conservation. Les tonneaux de Cork sont aussi les plus estimés dans les Indes, à cause de leur solidité.

On fait à Cork la différence des tonneaux au-dessus et au-dessous de cent livres, et de ceux qui sont couverts de cercles, ou qui ne sont liés qu'avec les douze qu'exige la loi. Les premiers s'expédient pour la Hollande, Brème et Hambourg : les autres, c'est-à-dire, ceux d'un poids inférieur à cent livres, vont à Lisbonne. Pour ces destinations, ils ont la quantité de cercles demandée. On n'envoie aux Indes que ceux qui en sont entièrement revêtus, parce qu'ils y sont payées 2 ou 3 shillings de plus.

Dublin vend son beurre pour Cadix, où il est estimé à cause de la couleur jaune que lui procurent les pâturages qui entourent cette ville, et à laquelle les Espagnols regardent beaucoup.

On m'a rapporté, à l'île du Texel en Hollande, qu'on sait artificiellement donner diverses teintes au beurre des environs de Leyde, et que sur-tout on le colore en jaune à l'aide du safran. Une telle pratique serait punie en Irlande, et regardée comme nuisible au commerce de cette denrée, à laquelle, en général, on apporte autant de soins et d'attention qu'aux viandes salées.

SECONDE PARTIE.

SUR LES PORCS.

CHAPITRE I.er

De l'Engraissement des Porcs.

La race de porcs qu'on engraisse ordinairement en Irlande, n'a rien qui la distingue de celles des autres pays. On les engraisse comme par-tout ailleurs, en leur donnant tout ce qu'ils veulent manger, sur-tout des pommes de terre crues ou cuites, qui y sont très-abondantes, et quelquefois des navets cuits, comme on le fait en Angleterre : mais alors leur lard devient mou ; et l'on est obligé, dans les derniers jours de l'engrais, de les nourrir avec de la farine d'avoine, pour rendre leur chair et leur lard plus ferme. Ce moyen est plus en usage dans le nord de l'Irlande, non qu'il y soit préféré par les habitans, mais parce que le pays est pauvre.

Dans la partie méridionale, on leur donne toutes sortes de choses : les vesces et les pois sont cependant leur meilleure nourriture, et produisent le lard le plus ferme.

Les porcs y mangent beaucoup de blé ; et pour qu'ils ne coûtent pas plus qu'ils ne rapportent, on les tient, autant qu'il est possible, auprès des fabriques, des manufactures, des meuniers, des boulangers, des brasseurs, &c. , d'où l'on jette des choses propres à les engraisser. La qualité du lard varie d'après les diverses nourritures.

En Angleterre on leur donne même du poisson ; mais cet aliment procure un mauvais goût au lard.

CHAPITRE II.

De la Salaison, du Sel, &c.

Il n'y a rien de particulier à remarquer sur les foires où l'on vend les porcs. Le négociant y fait son marché avec le boucher pour le porc ou le lard, comme pour les autres viandes, mais avec moins d'attentions. On choisit ordinairement ceux qui ont de seize à dix-huit mois, et qui pèsent de cent cinquante à cent soixante-quinze livres ; et ceux de deux ans, de deux cent vingt-cinq à trois cents livres. On préfère ces derniers à Waterford, près Newfoundland, où l'on en fait un mets composé de poisson, de farine et de lard, et qui, suivant la coutume du pays, exige le plus gras qu'on puisse trouver : il coûte de 14 shillings 6 deniers à 15 shillings 6 deniers le quintal.

Beaucoup de personnes n'aiment pas les plus gros porcs, parce que leur viande n'est pas assez ferme ; ce qui indique que la méthode de les engraisser en Irlande pourrait encore être perfectionnée.

On y tue ordinairement les porcs depuis le mois de décembre jusqu'en avril. Leur dépècement ne diffère guère de celui du bœuf que par la grosseur des morceaux, qui, proportion gardée d'après la grandeur réciproque des animaux, ne sont que de moitié. On en place cent douze morceaux de deux livres dans un tonneau d'approvisionnement pour la marine royale, la ration de ce comestible étant réglée à une livre pour deux matelots. Les morceaux des autres tonneaux ne sont pas fixés.

Le poids du tonneau est le même que pour la viande ; mais comme le lard ne perd pas autant de sucs, on n'en met que dix livres de plus, pour que le poids se trouve juste après la salaison.

Le sel est le même que pour la viande, et le mélange s'en fait dans la même proportion.

La manière de saler ne diffère de celle qui a lieu pour le bœuf qu'en ce qu'on frotte moins le lard.

TROISIÈME PARTIE.

DE LA MÉTHODE DE FUMER LA VIANDE À HAMBOURG.

LA viande fumée de Hambourg jouit dans le monde entier d'une haute réputation ; aussi la mérite-t-elle, car en aucun endroit on ne la fume aussi bien. Le procédé qu'on y emploie est le plus économique et le plus convenable pour parvenir à ce but. En Angleterre et en Irlande, on n'a rien de semblable dans cette partie ; la Hollande n'en approche pas ; en Danemarck, on en est encore bien loin ; et en France, le gourmand se croît satisfait quand il peut espérer de manger un morceau de bœuf fumé de Hambourg.

C'est ordinairement parmi les bœufs les plus gras du Jutland et du Holstein, et qui ne soient pas d'un âge trop avancé, qu'on choisit ceux dont on destine la viande à être fumée. Ce choix contribue beaucoup à la parfaite réussite de la fumigation.

On tue les bœufs, et l'on en fait fumer la viande dans les derniers mois de l'année. La salaison a lieu dans la cave de la même maison, et on se sert du sel anglais.

En 1762, on se servait du sel de Lunebourg ; mais on préfère généralement celui d'Angleterre, comme meilleur et plus fort. On conçoit facilement que si l'on n'emploie pas celui de Portugal, et encore moins celui d'Espagne ou de France, c'est que la viande qui est fumée, recevant par-là un second préservatif contre la putréfaction, n'a pas besoin des sels les plus forts, et qu'au contraire ils lui seraient nuisibles, en la privant en partie de sa saveur naturelle. Pour conserver le plus possible sa couleur à la viande après l'avoir salée, on la saupoudre avec une certaine quantité de nitre. Ensuite on la laisse huit à dix jours dans cet état.

Les cheminées ou foyers où l'on fait le feu qui doit produire la fumée, sont dans les caves où la salaison a lieu, ainsi qu'on l'a déjà dit; mais la chambre où l'on rassemble cette vapeur est au quatrième étage : les deux tuyaux de cheminée s'y réunissent chacun d'un côté opposé, c'est-à-dire, l'un vis-à-vis de l'autre. Au-dessus il existe une autre chambre faite en planches, laquelle reçoit la fumée par une ouverture pratiquée au plafond de la précédente.

Dans la première chambre, la fumée est plus que tiède et moins que chaude; dans la seconde, elle n'est que tiède et près de se refroidir. On a deux conduits de cheminée dans la chambre à fumer, parce qu'on n'en regarde pas un comme suffisant pour fournir la fumée nécessaire quand elle est bien remplie de viande, dont les morceaux sont suspendus à une distance d'un demi-pied l'un de l'autre, le côté extérieur (ou le côté de la viande) tourné vers l'orifice des conduits, et en sont rapprochés le plus qu'il est possible. On peut augmenter ou diminuer la fumée à l'aide de bouchoirs.

Il y a un trou au mur vis-à-vis chaque orifice de cheminée et un sous le plancher, par lesquels passe le superflu de la fumée. Cette disposition la tient tellement en circulation, que la viande en a de la nouvelle à chaque instant, sans que la même, chargée des émanations du sel ou dénaturée par un trop long séjour, puisse, pour ainsi dire, toucher plus d'une fois la viande.

Le plancher supérieur n'est élevé au-dessus de l'inférieur que de la hauteur d'une personne de taille médiocre, et la grandeur du local est calculée sur la quantité de viande qu'on a à y mettre.

On entretient la fumée nuit et jour au même degré de chaleur; et l'on calcule le temps que la viande doit y rester exposée, d'après la grosseur et l'épaisseur des morceaux, de sorte que quelques-uns ont besoin de cinq à six semaines, et d'autres seulement de quatre. Les variarions de température en apportent aussi dans la durée de l'opération; car, dans les gelées, la fumée pénètre mieux que dans les temps humides.

On fume bien aussi quelquefois dans l'été, mais ce ne sont que de petites pièces, parce que la fumée y pénètre plus facilement, et qu'elles n'ont pas besoin d'être suspendues aussi long-temps: mais alors il faut bien prendre garde que la viande ne devienne aigrelette et ne se gâte.

Les boudins sont placés dans la chambre supérieure, suspendus sur des bâtons par des ficelles qu'on peut ôter en même temps que les morceaux. On les laisse aussi plus ou moins de temps exposés à la fumée, suivant leurs diverses grosseurs : ceux d'environ un *quart* de diamètre [quatre à cinq pouces] ont besoin d'y être pendant huit à dix semaines. Cette chambre a deux ou trois ouvertures dans le toit ; mais la fumée n'y arrive que de la première.

On ne brûle pour cette opération que du bois ou des copeaux de chêne : ce bois doit être très-sec et n'avoir jamais pris de goût de moisi ni d'humidité, parce que le moindre de ces défauts se communiquerait à la viande. On ne se sert pas du hêtre, à cause qu'il donne trop de chaleur ; quant aux autres bois, ils ne sont pas en usage.

L'art de fumer les viandes n'est pas difficile, ainsi qu'on vient de le démontrer ; et sa parfaite réussite dépend, comme on le voit, de l'espèce et de la qualité du bois qui doit produire la fumée, de la bonne façon de saler, de la température nécessaire, et du sage emploi du temps.

J'espère qu'on trouvera dans cette traduction des renseignemens précieux sur la méthode pratiquée en Irlande pour la salaison des viandes, sur celle de les fumer à Hambourg, ainsi que d'élever les bestiaux pour les rendre propres à ces divers usages. Il ne s'agit donc plus, pour se convaincre de l'utilité des procédés qui y sont décrits, que de les soumettre en France à des expériences. Il est nécessaire de savoir comment les autres font, quand on veut entreprendre une chose peu connue : cependant il ne faut pas les imiter aveuglément, mais adopter ou rejeter ce que l'expérience peut faire découvrir d'avantageux ou d'inconvenant dans leurs méthodes. Le climat, le prix des objets, les mœurs du pays, la race des bestiaux, les matières qu'on emploie, tout enfin nécessite des épreuves locales pour constater la bonté ou les vices d'une pratique usitée dans d'autres pays.

FIN.

TABLE
DES MATIÈRES.

Ire PARTIE.

IIe PARTIE.

IIIe PARTIE.

FIN DE LA TABLE.

www.ingramcontent.com/pod-product-compliance
Ingram Content Group UK Ltd.
Pitfield, Milton Keynes, MK11 3LW, UK
UKHW031833170726
13836UKWH00004B/1651